インナー・ジャーニー

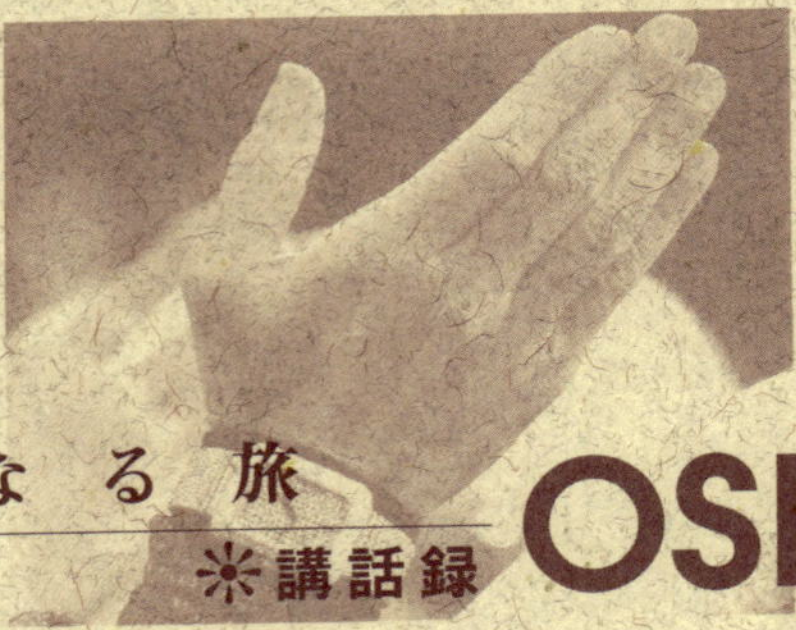

内なる旅

講話録

OSHO

市民出版社

Originally published as
" The Inner Journey "

Japanese language translationrights arranged
with Osho International Foundation, Zurich, Switzerland
through Tuttle-Mori Agency, Inc., Tokyo

はじめに

それは青年の頃の思い出だ。我が家に、父の友人であるチャンドゥバイが来ていた。彼はとても物静かで、内省的なタイプの探求者だった。私たちはみな、彼を聖者のように尊敬していたものだ。もっとも私たち以外の人たちは、恐らく尊敬などしなかっただろう――彼は所帯を持っていたし、出家した者が纏うローブも着ていなかったからだ。しかしある日のこと、彼に紅茶を出そうとしていたらカップが私の手から滑り落ち、粉々に割れてしまった。チャンドゥバイは、とても自然で和やかな笑みを浮かべて言った、「気にすることはない。きっと平常心が失われたから、注意が途切れたんだよ」。そのとき私は、まるで経文《スートラ》――生の貴重な鍵のひとつが、自分の手に舞い込んだような気がした。しかし当時は、その全体の意味を把握できるほど知性が成熟していなかったから、それは私にとって完結したスートラではなかったのだが――。何かを理解できる歳になる頃には、チャンドゥバイは亡くなっていた。

また、他にもこんなことがあった。ジョドプールの我が家の近くに、年老いた未亡人のジャムナバイが住んでいた。彼女はかなりの歳で、輝くような白髪をしていた。そして彼女の顔は、まばゆいばかりのやすらいだ光で輝いていた。彼女の持ち物は一頭の水牛だけ。そのミルクやギーを売ったものが唯一の収入源だった。彼女は完全に無学だった。私の父はよく言っていたものだ、「ヴェーダンタを学びたいなら、真の知識とそれを生きるすべはジャムナバイから学ぶといい」

ある日、水牛を洗って水浴びさせたあと、ジャムナバイは片手に水牛をつないだ綱を持ち、もう一方の手と腰で水がなみなみ入った壷を支え、さらに水で満たした三連式の壷をひとつずつ重ねて頭に載せながら家路についた。そうこうしているうちに、いつも大声で「ラーム、ラーム、ラーム」と唱えているラムババが、向こうからやって来るのが見えた。ジャムナバイが頭をかしげて彼に挨拶すると、ラムババは切り出した、「ジャムナバイ、お前さんの生涯は水牛の世話をするだけで終わってしまうよ。お前さんも彼方の世界にちょっとは目を向けた方がいい。わしのように『ラーム、ラーム』と唱えてみないかね？」

彼に対するジャムナバイの返答に、私は非常に驚いた。彼女は言った、「ラムババ、あたしの頭に載っている、この三つの水の壷が見えるかい？　あんたに挨拶をしているあいだ、あたしの気づきはずっとそこにあったよ。だから壷はバランスを崩して、ひっくり返らなかったのさ。同じように、あたしは一日じゅう家事に忙しいが、あたしの意識はいつだって神性にあるんだよ」

私は、ティーカップが割れたときに自分の手に断片的に舞い込んだスートラが、いま、さらにいくつか舞い込んだような気がした。

のちに私は、マハトマ・ガンジーの発案で、レバノンの偉大な詩人であり哲学者でもあるカリール・ジブランの有名な作品、『預言者』をヒンディー語に翻訳していた。「愛」と「仕事」に関する章を翻訳しながら、私はあのスートラが少し深みを増したような気がした。

あのスートラを完結させたいという渇望と焦燥が、私のハートに深く沈潜していったのはそのときだ。しかし、欠けている断片を見つける機会は訪れなかった。

それから三十年の歳月が過ぎた。ある日、親友のマイパルと座っていたとき、彼は会話のなかでOSHOに触れ、OSHOの本を何冊か私に手渡してくれた。それらを読み、私はいままでにない一条の光を見出したような気がした。新たな扉が開かれた。ここには、私が何年も探し求めてきた、未完のスートラを満たしてくれる可能性があるかのようだった。

そして、そのとおりだった。この『インナー・ジャーニー』のまさに最初の章で、完全なスートラが手に入ったのだ。

「そして、ヴィーナに当てはまる法則は、生というヴィーナにも当てはまる。生の弦が緩みすぎていると、音楽は生まれない。生の弦が張りすぎていても、音楽は生まれない。生の音楽を生み出したい者は、弦が張りすぎても緩みすぎてもいないことに、気をつけることだ」

そしてOSHOは、問いをさらに押し進める――「その生というヴィーナは、どこにあるのだろう?」

「人の身体《からだ》をおいて他に、生というヴィーナはない。そして人間の身体《からだ》には、張りすぎても緩みすぎてもいけない弦がある。そのバランスがとれてはじめて、人は生の音楽へと入っていける。その音楽を知ることは、魂を知ることだ。自分の内なる音楽を知るとき、人は自分の魂を知る。そして全体なるものの内側に隠れた音楽を知るとき、人は神を知るのだ」

このOSHOのスートラは、よく吟味された数学の公式に似た感がある。正しく適用すれば、それはもっとも複雑な人生の問題にさえ、正しい答をもたらしてくれる。

この本『インナー・ジャーニー』の各章は、次から次へと扉を開き続ける。そして私たちは深く、より深く、自己のなかへと潜り続けるのだ。旅は自己の探求に始まり、愛の成就、神の成就に終わる。

思うに、OSHOの革命的な考えは、存在の神秘のヴェールを取り外そうとしたウパニシャッドの賢者たちのようであり、醒めた知性を用いることを大衆に説いたソクラテスのようでもあり、あらゆる不自然さを捨てて自己の本性に立ち戻ろうと示唆する老子のようでもある。

キショーリ・ラマン・タンドン
インド、ムンバイ
（詩人、作家、ジャーナリスト）

インナー・ジャーニー　目次

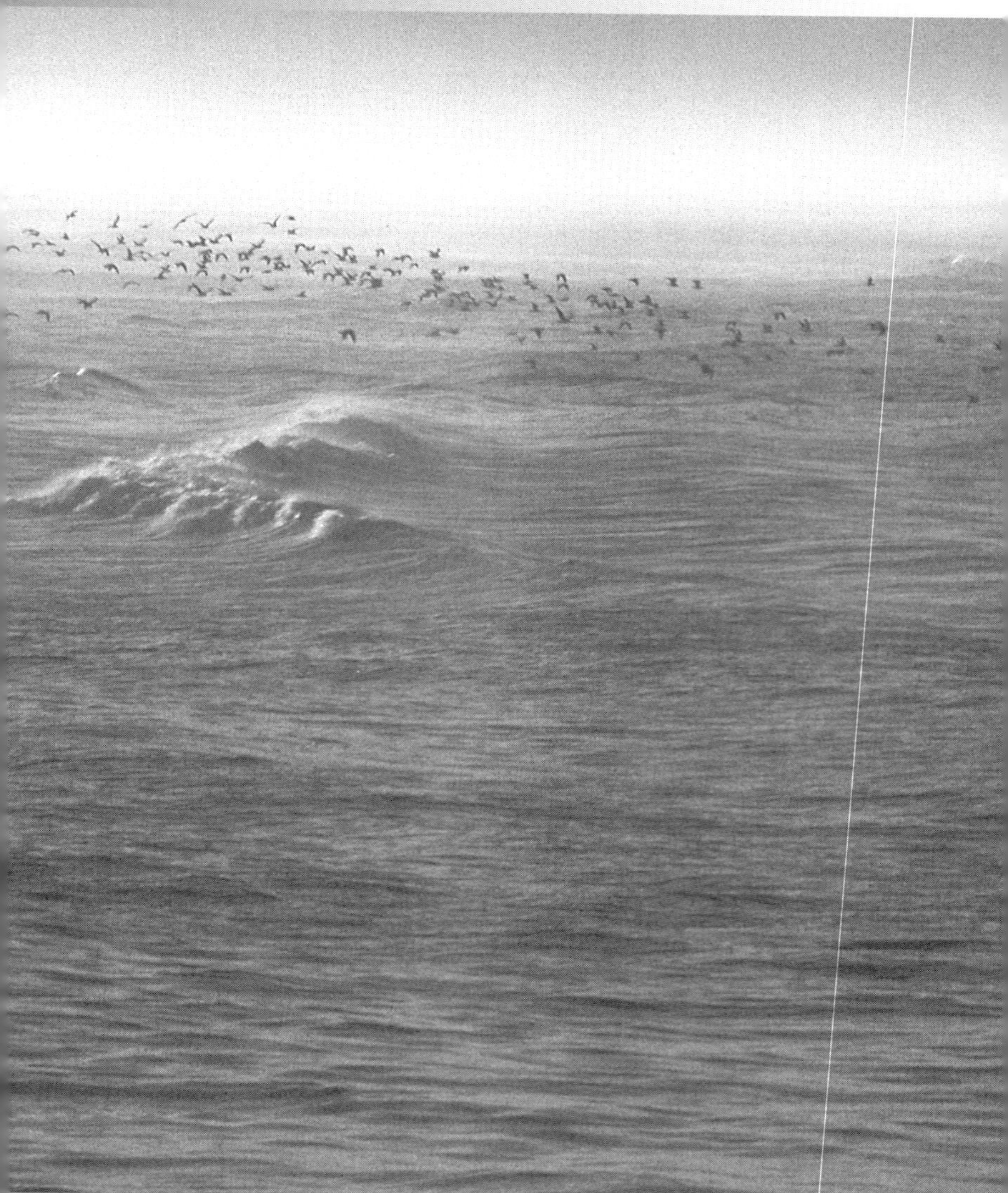

CONTENTS

第一章　身体《からだ》——最初のステップ

THE BODY : THE FIRST STE

親愛なる人たちへ

瞑想キャンプのこの最初の集いで、私は瞑想者や探求者のための最初のステップについて話をしたい。最初のステップとは何か？　思考の人、愛の人はある道に従うが、探求者はまったく異なる行程を旅する。探求者にとって、その旅の最初のステップとは何だろう？

探求者の最初のステップは、身体《からだ》だ――しかし、それは注目されることも配慮されることもなかった。一時期だけでなく何千年ものあいだ、身体は無視されてきた。その無視には、ふたつの種類がある。まず、身体を無視してきた耽溺型の人びとがいる。彼らは食べたり飲んだり着飾ったりする以外に、生を体験することがない。彼らは身体を気にかけず、身体を酷使し、愚かにも衰弱させてきた――自分の楽器、自分のヴィーナを台無しにしてきた。

もし楽器が――たとえばヴィーナが壊れたら、そこから音楽は生まれない。音楽とヴィーナはまったく異なるものだし、音楽とヴィーナは別物だが、ヴィーナがなければ音楽は生まれない。

ひとつのタイプは、耽溺によって身体を酷使してきた人びと。そしてもうひとつのタイプは、ヨーガや放棄によって、身体を無視してきた人びとだ。彼らは身体を苛《さいな》み、抑圧し、身体に敵意を持ってきた。そして、身体に耽溺してきた人も、身体を苛んできた苦行者も、身体の重要性を理解してはいない。このように、身体というヴィーナを無視したり苛んだりすることに関しては、ふたつのタイプがあった――ひとつは耽溺によって、もうひとつは苦行によってだ。両方とも、身体に害を与えてきた。

身体は西洋でも損なわれ、東洋でも別のやり方で損なわれてきた。私たち全員が、一様にそうしている。売春宿や酒場に行く人びとも身体を傷つけ、太陽の下に裸で立つ人びと、森へ逃げ込む人びとも、別のやり方で身体を傷つけている。

生の音楽は、身体というヴィーナを通してはじめて生まれる。生の音楽は、身体とはまったく違う――それは完全に異なる別物だ。しかし、身体というヴィーナを通してのみ、生の音楽に至ることができる。これについては、まだ正しく注意が払われたことがない。

最初のステップは身体であり、瞑想者として、身体に正しく注意を払うことだ。この最初の集いで、私はこの点について話をしたい。

いくつか理解しておく必要がある。

第一に、魂はいくつかの中枢《センター》において、身体とつながっている――私たちの生エネルギーは、これらのつながりから生まれる。魂はこれらのセンターと密接な関係があり、私たちの生エネルギーは、そこから身体に流れ込んでいる。

こうしたセンターに気づかない探求者は、決して魂に到達できないだろう。もし私が「あなたの身体で、いちばん重要なセンターはどれか、いちばん大切な部分はどこか」と尋ねたら、おそらくあなたは自分の頭を指差すだろう。

非常に間違った教育のせいで、人間の身体でいちばん重要な部分は頭にされてしまった。人間の生エネルギーのもっとも重要なセンターは、頭や脳ではない。それは植物に、いちばん重要で生命に欠かせない部分はどこかと訊くようなものだ。植物の先端には花が見える。だから、植物も人びともみな、花がいちばん重要だと言うだろう。花はいちばん重要そうに見える。しかし、そうではない。もっとも重要な部分は根だ。しかし、それは目に見えない。

マインドは人間という植物の花だ。マインドは根ではない。最初に根が生まれ、最後に花が生まれる。根が無視されたら、花はしおれてしまうだろう。なぜなら、花それ自体には独立した生命がないからだ。根の世話をしたら、花もおのずと世話を受けることになる。わざわざ花の世話をする必要はない。植物を見ると、花がいちばん重要な部分だと思えるが、同じように人間の場合は、マインドがいちばん重要そうに思える。だが、マインドは人間の身体のなかで最後に発達するものであり、それは根ではない。

毛沢東は子供時代の回顧録を著わした。彼はこんなふうに書いている、「子供のころ、母の小屋の近くにとても美しい庭があった。その庭は実に美しかった。とても美しい花があったので、遠くから人びとが見物に来たものだ。やがて、母は年老いて病気になった。彼女は自分の病気のことも、歳をとったことも気に病んではいなかったが、自分の庭がどうなるかだけが、唯一の気がかりだった」

毛は幼かった。彼は母親に言った、「心配ないよ。僕が母さんの庭の世話をするから」

そして毛は庭の世話をし、朝から晩まで働いた。一ヵ月後、母親は回復し、少し歩けるようになると、さっそく庭にやって来た。庭のありさまを見て、彼女はショックを受けた！　庭は台無しになっていたのだ！　植物はみな干上がっていた。花はみなしおれ、落ちていた。彼女はひどく気分を損ねて毛に言った、「この馬鹿者！　一日ずっと庭にいて何をしていたんだい？　花は全部だめになってしまった。庭は枯れ果ててしまったよ。植物はどれも死にかけているじゃないか。お前は何をしていたのさ？」

毛は泣き出した。彼は自分でも困惑していた。朝から晩まで毎日働いたが、なぜか庭は干上がる一方だったのだ。彼は泣き出して言った、「一生懸命、世話をしたんだ。ひとつひとつの花にキスをして可愛がったよ。一枚一枚、葉っぱから埃を払って拭ったよ。でも、どうしたことだろう。僕だって心配はしていたさ。でも、花はどんどんしおれていくし、葉はどんどん乾いていくし、庭は枯れていく一方なんだ！」。彼の母親は笑い出した。彼女は言った、「馬鹿だね！　お前はいまだに知らないのかい！　花の命は花のなかにはないし、葉の命は葉のなかにはないんだよ」

植物の命は、誰の目にもまったくわからない場所にある。それは地中に隠れた根のなかだ。この根の世話をしないと、花や葉に世話が届かない。どれほどキスをされ、どれほど可愛がられ、どれほど埃を払ってもらえても、その植物はしおれてしまう。しかし花をまったく気にかけなくとも、根の世話をしたら、花は自分で自分の面倒を見るだろう。花は根から生まれる。他からは生まれない。

「人間の身体でいちばん重要な部分はどこか」と尋ねられたら、知らぬうちに手は自分の頭を指差し、「頭がいちばん重要だ」と言うだろう。あるいは女性だったら、たぶんハートを指差し、「ハートがいちばん大切です」と言うだろう。

もっとも重要なのは、頭でもハートでもない。男性は頭に重点を置き、女性はハートに重点を置いてきた。そして、この頭とハートの混合に基づく社会は、日々崩壊し続けてきた。なぜなら、どちらも人間の身体でもっとも重要な部分ではないからだ。両方とも、ずっとあとから発達したものだ。そのなかに人間の根はない。

私の言う人間の根とは、どういう意味だろう？　植物は大地に根を張り、そこから生エネルギーや命の活力を吸収している。それと同じように、人間の身体のある地点には、魂からの生エネルギーを吸収している根がある。このおかげで、身体は命を保っている。これらの根が衰弱する日、身体は死に始める。

植物の根は地中にある。人間の根は魂にある。しかし頭とハートは、どちらも生エネルギーにつながるための場所ではない——そして、こうした根について何も知らないとしたら、私たちは決して瞑想者の世界へと入っていけない。

では、人間の根はどこにあるのだろう？　たぶん、あなたはその場所に気づいていないだろう。どんなに単純でありふれたものであっても、何千年も注意を払われなければ忘れられてしまうものだ。子供は母親の子宮で生まれ、そこで育つが、子供はどの部分を通して母親とつながっているだろう？　頭だろうか、ハートだろうか？　違う、子供は臍を通してつながっている。生エネルギーは臍を通して得られる――ハートとマインドは、あとから発達する。子供は、臍を通して母親の生エネルギーを得るようになる。子供は臍によって、母親の身体とつながっている。そこから母親の身体へ根が広がり、また反対方向へ、子供自身の身体へも広がっている。

人間の身体でいちばん重要な箇所は臍だ。ハートはそのあとで発達し、マインドはそのあとで発達する。これらはどれも、あとから発達する枝だ。花はそれらの上に咲く。マインドには知識という花が咲き、ハートには愛という花が咲く。私たちが魅了されるのは、こうした花々だ。私たちはそれがすべてだと思ってしまう。しかし人間の身体の根、そして生エネルギーは臍にある。そこに花が咲くことはない。根はまったく表に現われず、見ることもできない。それにしても、ここ五千年来の人間生活に起こった退化は、私たちがマインドかハートばかりを重視してきたせいだ。私たちはハートすらも、ほとんど重視してこなかった。重点はマインドに移っていた。

幼児期から、どの教育もマインドを育てるものばかりだ。臍の教育は、世界のどこでも行なわれていない。あらゆる教育はマインドの教育だ。そのためマインドはますます大きくなり、私たちの根はますます小さくなり続けている。そこに花が咲くという理由から、私たちはマインドを大切にする。だからマインドは大きくなり、私たちの根は消えてゆく一方なのだ。すると、生エネルギーの流れはますます弱々しくなり、魂とのつながりは弱まる。

私たちは次第に、「魂なんてどこにある？　誰が魂はあるなんて言うのさ？　誰が神はいるなんて言うのさ？　何も見つからないよ」と言うまでになっている。私たちは何も見つけようとしないし、何も見つけることができない。人は樹木の幹をくまなく探して、こう言うだろう、「根なんてどこにあるのさ？　何も見つからないよ」――その言い分は正しい。根は樹木の上にはない。また、私たちは根のあるところ――自分で気づいていないところへは近づくすべがない。幼児期からマインドばかり訓練され教育されているから、私たちの注意はすべてマインドに巻き込まれ、結局マインドに集中してしまう。そして生涯、私たちはマインドのまわりを徘徊する。気づきがその下へ向かうことはない。

瞑想者の旅は、下の方へ、根の方へと向かう。頭からハートへ、ハートから臍へ降りていく。魂へは臍からしか入っていけない。その手前では決して入れない。

通常、私たちの生の動きは臍から頭へと向かう。探求者の動きはそれと正反対だ――頭から臍へと下《くだ》っていく。

この三日間で、頭からハートへ、ハートから臍へ、順々に下っていく方法――そして臍から魂へ入る方法を説明し、明らかにしていこう。

今日は、身体についていくつか話しておく。

まず理解すべきことは、人の生エネルギーの中枢《センター》は臍であるということだ。子供は唯一そこから生命を得る。そこからはじめて彼の生命は枝分かれし、広がり始める。彼は、唯一そこからエネルギーや生命力を得る。でも私たちは、ほんの一時もそのエネルギーのセンターに注意を向けない。そのエネルギーのセンターや、生命力のセンターを知る体系《システム》には目を向けることがない。それどころか、私たちの注目や教育はすべて、それを忘れさせる制度《システム》に向けられている。だから私たちの教育は、ことごとく間違ってしまったのだ。

私たちの教育全体は、じわじわと人を狂気に至らせている。

マインド一辺倒では、人は狂気へ至るばかりだ。

教育が行き渡れば行き渡るほど、その国に狂人の数が増えることを知っているだろうか？　今日、アメリカにはもっとも多くの狂人がいる。それは沽券《プライド》にかかわる問題だ！　アメリカがもっとも教育の行き届いた国で、もっとも文明化された国であることは間違いない。アメリカの心理学者は、同じシステムがさらに百年続いたら、アメリカで正常な人間を見つけるのは難しいと言う。今日でさえ、四人のうち三人はマインドが不安定だ。

アメリカだけで毎日、三百万人が精神分析医の診察を受けている。アメリカでは内科医の数が徐々に減り、精神分析医が増えている。内科医も言っていることだが、人の病気の八十パーセントは、身体ではなくマインドの病《やまい》だ。そして理解が進むにつれ、この割合は上がっている。はじめのうち彼らは四十パーセントと言っていたが、次に五十パーセントと言い始め、いまや病気の八十パーセントは、身体ではなくマインドの病だと言っている。そして私は保証するが、二十年か二十五年もしたら、病気の九十九パーセントは、身体ではなくマインドの病だと彼らは言うだろう。そう言うに違いない。というのも、私たちはマインドばかりを重視しているからだ。そのマインドが異常をきたしている。

脳がどれほど繊細で、壊れやすく、精妙なものか、あなたには思いもつかないだろう。人間の脳は、世界でもっとも繊細な機械だ。この機械に、あまりにも多くのストレスがかかっている。完全に壊れず、狂っていないのは不思議なことだ！　脳は人生のあらゆる重荷を負っているのに、それがどれほど繊細であるか、私たちはわかっていない。脳神経はあらゆる重荷、あらゆる心配、あらゆる苦悩、あらゆる知識、あらゆる教育……人生の重みをすべて担っているのに、私たちはそれがどれほど細かく繊細であるか、ほとんどわかっていないのだ。

あなたはおそらく知らないだろうが、この小さな頭のなかに、およそ七千万の神経がある。その数からだけでも、どれだけ細かいものかわかるだろう。これより繊細な機械や装置は他にない。人間の小さな頭に七千万の神経があることから、それがどれほど繊細であるかがわかる。ひとりの人間の頭には実に多くの神経があり、それをひとつひとつ広げたら、地球全体が包まれるだろう。

この小さな頭のなかに、非常に精妙な仕組みが、繊細な仕組みがある。過去五千年にわたって、人生のあらゆるストレスが、この繊細な脳ひとつにかかってきた。結果は避けられない。神経が壊れ始め、異常をきたし、狂気へと走る——それが結果だ。

思考という重荷は、人をまさに狂気へと連れていく。私たちの生エネルギーは、すべて脳の周囲を回り始めている。

瞑想者にとって大切なのは、この生エネルギーをより深く、もっと下の方へ、もっと中心へ導くこと——戻っていくことだ。どうしたら、戻っていけるのだろう？　これを理解するには、手始めに身体について理解するといい。

身体は、霊的な旅のための乗り物とは見なされていない。神聖なるものの寺院、生の中心を発見するための道具とは見なされていない。身体は、耽溺という観点あるいは放棄という観点から捉えられている。だが、このアプローチは両方とも間違いだ。

生における偉大なるもの、達成する価値のあるものに至る道は、身体のなかにあり、身体を通ってゆく。

身体を寺院や霊的な道として捉えることだ。こうした態度をとらないかぎり、私たちは耽溺する者か、放棄する者のいずれかだ。どちらの場合も、身体に対する態度は正しくないし、バランスを欠いている。

若い王子が仏陀の得度を受けた。彼は、ありとあらゆる快楽を味わって暮らしてきた。彼は、快楽のためだけに生きてきた。そして彼は、仏教僧《ビクシュ》になった。他のビクシュたちはみな非常に驚き、口々に言った。「この人がビクシュになろうとするだなんて！　彼は自分の宮殿から出たこともなかったし、馬車に乗らずに歩いたこともなかった。彼の歩く道には、ビロードの絨毯が敷かれていたものだ。それがいまでは乞食になりたがっている！　何て馬鹿げたことをするつもりだろう？」

人のマインドは、常に両極のあいだを極端から極端へ移動するものだ——と仏陀は言っていた。人のマインドは決して中間で止まらない。時計の振り子が一方から他方へ動き、決して中間にとどまらないのと同じように、人のマインドも極端から極端へ移動する。これまで、この男は一方の極を生きてきた——肉体的な耽溺だ。今度は、もう一方の極を生きたいと思っている——肉体の放棄を。

そして、こんなことになった。ビクシュたちがみな広い通りを歩く一方で、いちばん高価な絨毯の上しか歩いたことがなかった王子は棘《いばら》の小道を歩いた。ビクシュたちがみな木陰で座っているときに、彼は太陽の下で立っていた。ビクシュたちは毎日一回は食事をとるが、彼は一日おきに断食をした。六ヶ月のあいだに、彼はガリガリに痩せ、美しい身体は黒ずみ、足は傷ついてしまった。

六ヵ月後、仏陀は彼のところに赴いて言った、「シュロナ！」——これが彼の名前だった——「ひとつ尋ねたいことがある。王子だったころ、そなたはヴィーナの名手だったと聞くが、それは本当か？」

そのビクシュは言った、「はい。私のようにヴィーナを弾ける者はいない、と言われたものです」

仏陀は言った、「では、ひとつ質問をしよう――たぶん、そなたは答えられるだろう。質問はこうだ――ヴィーナの弦が緩すぎた場合、音楽は生まれるだろうか？」

シュロナは笑い出して言った、「何という質問をなさるのです？　ヴィーナの弦が緩すぎたら音楽は生まれません。それは子供だって知っています。弦が緩いと弾けませんから、音は出ません。ですから、緩い弦から音楽は生まれないのです」

仏陀は言った、「弦が張りすぎている場合はどうかね？」

シュロナは答えた、「弦が張りすぎても音楽は生まれません。張りすぎた弦は、触れた瞬間に切れてしまいますから」

そこで仏陀は尋ねた、「音楽が生まれるのは、どんなときかね？」

シュロナは言った、「音楽が生まれるのは、弦が張りすぎているとも、緩みすぎているとも言えないときです。弦が緩くもなく、張りつめてもいない状態があります。真ん中の地点、中間地点があるのです。音楽はそこでしか生まれません。腕のいい音楽家は、演奏を始める前に、弦が緩みすぎていないか、張りすぎていないかを確かめるものです」

仏陀は言った、「よろしい！　答は受け取った。私は同じことをあなたに言うためにやって来たのだ。あなたが優れたヴィーナ奏者であるのと同じように、私は生というヴィーナを弾く達人《マスター》になった。生の弦が緩みすぎても音楽は生まれないし、生の弦が張りすぎても音楽は生まれない。生の音楽を奏でたいと思う者は、まず弦が張りすぎていないか、緩みすぎていないかを確かめることだ」

その生というヴィーナはどこにあるのだろう？

人の身体をおいて他に、生というヴィーナは存在しない。人間の身体には、張りすぎても緩みすぎてもいけない弦がある。そのバランスがとれてはじめて、人は音楽のなかへ入ってゆく。その音楽を知ることは、魂を知ることだ。内なる音楽がわかるようになれば、魂がわかるようになる。全体なるものに隠された音楽がわかるようになれば、神性がわかるようになる。

ヴィーナの弦は、人間の身体のどこに存在するのだろう？　まず、マインドには非常に張りつめた弦がたくさんある。張りつめ過ぎているあまり、そこから音楽が生まれることはない。それらに触れたら狂気が生じるだけだ。他には何もない。こうして、あなたがたはみな、非常に張りつめたマインドの弦と共に暮らしている。一日二十四時間、朝から晩まで、マインドを緊張させ続けている。夜ならくつろげるだろうと思ったら大間違いだ。夜のあいだでさえ、マインドにはストレスがかかり、マインドは緊張している。

先頃まで、私たちは夜間に人間のマインドで起こっていることを知らなかった。しかし、いまでは装置が発明されている。あなたが眠っているあいだに脳が内部で行なっていることを、装置はレポートし続ける。

現在アメリカとロシアでは、人間が睡眠中に何をしているかついて、およそ百の研究所でテストを行なっている。約四万人の人びとが、夜眠っているあいだに実験の対象となってきた。明らかになった結果は、実に驚くべきものだ。結果によると、人は昼間していることを、そっくりそのまま夜も行なっていた。昼間していることがどんなことであれ……昼のあいだ店を経営していたら、夜も店を経営している。昼間心配事があったら、夜も心配事は続く。昼間怒っていたら、夜も怒り続ける。

夜は昼の反映であり、昼のこだまだ。昼のあいだにマインドに起こることは、すべてこだまとして夜のあいだも反響を返す。何であれ未完のまま残されたものを、マインドは夜のあいだに完結させようとする。怒って、その怒りを誰かに向けて完全に表現しなかったとしたら――その怒りが完結せず、行き場を失ったまま残されたとしたら――マインドは夜になるとそれを解放する。怒りの表現を完結させることで、ヴィーナの弦は正しい状態に戻ろうとするのだ。昼間断食をすると、夜になって夢の中で食事をする。何であれ、昼のあいだに未完のまま残されたものは、夜になると完結されようとする。

つまりマインドは、昼に行なっていたのと同じことを夜も行なう。マインドは二十四時間、緊張している。休む間もない。マインドの弦は、決してリラックスすることがない。マインドの弦はとても緊張している――それが第一点だ。

第二に、ハートの弦はとても緩んでいる。あなたたちのハートの弦は緩みきっている。ハートの弦には、ちっとも張りがない。あなたたちは愛というものを知っているだろうか？　怒りや羨望や嫉妬や憎しみなら知っているだろうが、愛というものを知っているかね？　たぶん、あなたたちは「知っています」と言うだろう——ときには、あなたたちも愛することがある。ひょっとすると「憎むこともあり、愛することもあります」と言うかもしれない。でも、わかっているのだろうか……？　憎むこともあり、愛することもあるハートなど、あり得るかね？　それは「ときどき生きて、ときどき死にます」と言うのと同じだ！　そんなことは信じられない。人は生きているか死んでいるか、どちらかなのだから。このふたつが両方同時に起こることはない。ときどき生きて、ときどき死ぬなんて不可能だ——そんなことはできない。ハートが知っているのは憎しみだけか、あるいは愛だけだ。このふたつのあいだに妥協はあり得ない。愛のあるハートに憎しみが生じることは不可能だ。

ラビアという名の女性の行者《ファキール》がいた。彼女はよく読んでいた聖典の一節を、線を引いて消していた。聖典の一節を線で消す人など、どこにもいない！　聖典のどこを改良できるだろう？　あるファキールが、ラビアのもとに滞在しにやって来た。彼は聖典を読んで言った、「ラビア、誰かが君の聖典を台無しにしてしまったよ！　聖典は汚《けが》されてしまった。一節が線で消されている。誰が線を引いたんだろう？」

「私です」とラビアは言った。

そのファキールはとても驚いた。彼は言った、「なぜ、この一節に線を引いた？」。その一節とは、「悪魔を憎むべし」だった。

ラビアは言った、「困ったことです。神への愛が芽生えたその日から、憎しみは消えました。だから憎みたくても憎めないのです。悪魔が目の前に現われたとしても、それでも私は彼を愛することしかできないでしょう。それ以外に選択のしようがありません――まず私のなかに憎しみがなくては憎めないし、まず私のハートに憎しみがなくては憎めないのですから。さもなければ、私はどこから憎しみを得るのでしょう？　そして、それをどうするというのでしょう？」


愛と憎しみは、同じハートに共存できない。このふたつは、生と死のように相反するものだ。愛と憎しみが、同じハートに共に存在することはあり得ない。

では、あなたが愛と呼ぶものは何だろう？　あなたは憎しみが少ないとそれを愛と呼び、憎しみがまさるとそれを憎しみと呼ぶ。それは、憎しみそのものが多いか少ないかの割合だ。そこには愛などまったく存在しない。程度のせいで、勘違いが起こる。温度によって、あなたは寒さと暑さは別のものだと勘違いするかもしれないが、それは別のものではない――暑さ寒さは、同じものが段階的に変化したものだ。暑さの割合が低くなると寒く感じ、暑さの割合が高くなると同じものが暑く感じられる。寒さは暑さの変形だ。それらは互いに正反対で、異なり対立するように見えるが、そうではない。同じものが濃厚であるか、希薄であるかなのだ。

あなたは、それと同じように憎しみを捉えている――憎しみが希薄だと、それを愛と思い、憎しみが濃厚だと、それを憎しみと思う。だが、愛は決して憎しみの一形態ではない。愛と憎しみはまったく異なる――愛と憎しみは無関係だ。

あなたのハートの弦は、完全に緩んでいる。緩んだ弦からは、愛の音楽も至福の音楽も生まれない。あなたは人生において、至福を知ったことがあるだろうか？　「これが至福の瞬間だ、これが至福だ、私は至福を体験した」と言えるような瞬間が、いくらかでもあっただろうか？　あなたが至福を知ったことがあるとは、確信を持って言い難い。

あなたは愛を知ったことがあるだろうか？　安らぎを知ったことがあるだろうか？　それらについて語ることもまた難しい。

あなたは何を知っているのだろう？　あなたが知っているのは不安だ。そう、たいてい不安とは、あなたが安らぎと思っているものの割合が低いものだ。実際、あなたはあまりにも不安なので、不安が少しでも和らぐと、安らぎという幻想が生まれる。病気の人がいるとしよう――病気が少し軽くなると、彼は元気になったと言う。病状が少し緩和されると、自分は元気になったと思う。だが、健康と病気にどんな関係があるだろう？　健康は、まったく別物だ。

健康はまったく異なるものだ。健康を知る人はほとんどいない。私たちが知っているのは、病気がまさっているか、いないかだ。私たちは健康を知らない。私たちが知っているのは不安が強いか弱いかだ。でも、私たちは安らぎを知らない。私たちが知っているのは憎しみが強いか弱いか、私たちが知っているのは怒りが強いか弱いかだ……。

怒りはたまに生じるだけ――とあなたは思っているかもしれない。この考えは間違いだ――あなたは一日二十四時間、怒っている！　あるときはより強烈に、あるときはそれほどでもないが、あなたは一日二十四時間、怒っている。ほんの小さなきっかけで、怒りは浮上し始める。それはきっかけを探している。怒りは内側で待ち構えており――怒る口実となる外側のきっかけを常に探している。もし理由もなく怒ったら、人はあなたのことを気違いだと思うだろう。しかしきっかけが与えられないと、あなたは何の理由もなく怒りだす。おそらく、あなたはこのことを知らないだろう。

たとえば部屋に閉じ込められ、あらゆる便宜が図られたとしよう。そして、マインドに起こる変化を書き留めるように言われたとする。書き留めると気づくだろう――閉じられた部屋のなかで、訳もなく気分がいいときもあり、気分が悪いときもあることに。悲しくなるときもあり、幸せになるときもある。怒りを感じるときもあり、怒りを感じないときもある。そこには何の口実もない。部屋の状況は常に同じだ――彼に何が起きているのだろう？　だから人は、独りでいることをとても恐れる――独りだと、外側の口実がまったく見つからないからだ。すべては自分の内側にあると考えざるを得ない。隔離されたら、どんな人でも六ヵ月以上、健全ではいられない。彼は気が狂ってしまうだろう。

ある行者《ファキール》がエジプトの王にこの話をしたが、王は信じなかった。そこでファキールは、町でもっとも健康な者を見つけ、六ヵ月のあいだ彼を隔離してくださいと申し出た。町が捜索され、健康な若者が王のもとに連れて来られた。彼はどこをとっても幸せだった――結婚したばかりで、子供がいて、稼ぎも良く、とても幸せだった。王は彼に言った、「何も迷惑はかけない。我々は実験しているだけだ。家族の面倒は見る――食べ物も服も、あらゆるものを手配しよう。境遇は、お前よりも家族の方が良いくらいだ。すべては快適だが、お前は六ヵ月のあいだ一人きりで暮らすのだ」

彼は大きな屋敷に閉じ込められた。あらゆる便宜が図られたが、彼はとても孤独だった！　見張り番は、彼の言葉すら理解しなかったので、言葉を交わすこともできなかった。ほんの二、三日もしないうちに、男はイライラし始めた。すべては快適で、苦労は何ひとつなかった――規則正しく食事も出たし、規則正しく眠ることもできた。なぜならそこは王宮で、あらゆる設備が整い、まったく不自由なかったからだ。彼はそこに座り、したいことは何でもできた。ただひとつ、誰とも話せないし、誰とも会えなかった。ほんの二、三日もたたないうちに、彼は落ち着かなくなった。そして八日たつと叫び始めた、「ここから出してくれ！　ここにはいたくない！」

何が問題だったのだろう？――問題は内側からやって来始めた。きのうまで外側からやって来ると思っていた問題は、内側から来ていた――独りになり、彼はやっと気づいたのだ。

六ヵ月もたたぬうちに、その男は気が変になった。六ヵ月後に連れ出されると、完全に狂っていた。彼は独り言を言い始め、自分に悪態をつき、自分に怒り、自分をいとおしみ始めていた。もはや、他者は存在しなかった。六ヵ月たって連れ出されると、彼は狂人になっていた。彼が治るまでに、六年の歳月がかかった。

あなたたち誰もが狂うだろう。あなたが狂わないでいられるのは、他人があなたにきっかけを与えてくれるからだ。あなたは口実を見つける——「こいつは俺を侮辱した。だから、俺は憤慨している」。誰かに侮辱されたから、憤慨するわけではない。怒りは内在している。侮辱は、それが表に出るきっかけにすぎない。

井戸が水で満たされている——バケツを井戸に投げ入れ、引き上げると、井戸から水を汲み出すことができる。井戸に水がなければ、何回バケツを投げ入れようと、何も汲み出せない。バケツそのものには水を汲み出す力がない——まず、井戸に水が必要だ。井戸に水があれば、バケツは水を汲み出せる。でも井戸に水がなければ、バケツは水を汲み出せない。

あなたの内側に怒りがなく、あなたの内側に憎しみがなければ、この世のいかなる力もあなたから怒りや憎しみを引き出すことはできない。こうした時の合間——誰も井戸にバケツを投げ入れないあいだは、井戸に水がないという幻想を持ち続けることができる。誰かがバケツを投げ入れてこそ、水を汲み出すことができるのだ。しかし井戸を使っていないと、私たちはそのなかに水がないと誤解してしまう。同じように、誰も私たちにきっかけを与えなければ、怒りも憎しみも妬みも、何ひとつ出てこない。だからといって、井戸には水がないと考えてはいけない！　井戸のなかには水がある。そして誰かがバケツを持ってやって来て、外に取り出されるのを待っている。しかし私たちは、こうした合間の空白の時を、愛の時、安らぎの時と思っている。これは間違いだ。

世界で戦争が起こったあとは必ず、「いまは平和だ」と人びとは言う。しかしガンジーは言った、「私の理解によると、そんなことはない。戦争があるか、戦争に向けた準備があるかのどちらかだ。平和は決して訪れない。平和とは、まやかしだ」

いまのところ、世界で戦争は起こっていない。第二次世界大戦は終わり、私たちは第三次世界大戦を待っている。これが平和な日々だと言うのなら、私たちは間違っている。これは平和な日々ではない——第三次世界大戦に向けた準備の日々だ。全世界で、第三次世界大戦へ向けた準備が進んでいる。戦争があるか、あるいは戦争に向けた準備があるかだ。世界は存在してからこのかた、一度も平和な時代を体験したことがない。

人間のなかにも、怒りか、あるいは怒りに向けた準備がある——人は、怒っていない状態を知らない。不安がある——それは表面化するか、表面化する準備をしている。内側で準備しているときを、安らぎの時と思うなら、あなたは間違っている。

あなたのハートの弦は、とても緩んでいる。そこから出て来るのは怒りだけだ。そこから出て来るのは、歪みや不調和だけだ。音楽はひとつも生まれることができない。マインドの弦が張りすぎているとそこからは狂気が生じる。そしてハートの弦が緩みすぎていると、そこからは怒り、敵意、妬み、憎しみが生じる。ハートの弦は少し締めるといい――愛が生まれるように。マインドの弦は少し緩めるといい――狂気ではなく、研ぎ澄まされた知性が生まれるように。このふたつの弦のバランスがとれるなら、生という音楽が生まれる可能性はある。

そこで、ふたつの点について話そう。ひとつは、いかにマインドの弦を緩めるか。もうひとつは、いかにハートの弦を締めるか、張りをもたらすかだ。これを行なう手法こそ、私が瞑想と呼ぶものだ。

このふたつが起これば、第三のことが起こり得る。そのとき生の真のセンター、つまり臍へ降りていくことが可能になるのだ。この両方のセンターで音楽が生まれるなら、内側へ向かって進んでいける。その音楽自体は、あなたをより深みへと連れていく舟になる。人格に調和がとれていればいるほど、内側にはいっそう音楽が生まれ、あなたはより深く降りていける。内側に不調和があればあるほど、あなたは前にも増して浅薄なまま、表面的なままでいることになる。

これからの二日間、このふたつの点について話そう――話すだけでなく、いかにこの生というヴィーナの弦のバランスをとるか、実験をしよう。

私が先ほど話した三つの点を、心に留めておくといい。そうすれば、これから話すことと結び付けられるだろう。

第一に、人間の魂《ソウル》はマインドともハートともつながっていない。人間の魂は臍とつながっている。人体のなかでもっとも重要な場所は臍だ――それは中心《センター》だ。臍は人体の中心であるだけでなく、生命の中心でもある。子供はそれを通して生まれ、それを通して生命を終える。そして真実を見出す人びとにとって、扉となるのは臍だ。

気づいていないかもしれないが、昼間あなたは胸で呼吸をし、夜になると臍から呼吸をし始める。昼間はあなたの胸が上下しているが、夜眠っているときは腹が上下し始める。幼児が呼吸しているところを見たことがあるだろう。胸は動かず、腹が上下に動いている。幼児はまだ臍にとても近い。成長し始めるにつれ、子供は胸だけで呼吸を始め、もはや息の反響音は臍に届かなくなる。

自転車に乗って、あるいは車を運転して道を走っているときに、突然事故が起こったとしよう。驚くだろうが、最初の衝撃はマインドでもハートでもなく、臍にやって来る。突然ナイフで襲われたら、最初の震えは臍で感じられる。他のどこでもない。ちょうどいまだって、あなたが突然恐怖をおぼえたら、最初の震えは臍で感じられる。生命の危険があるとき、最初の震えは常に臍で感じられる。それは、臍が生命の中心であるからだ。震えは他の場所では起こらない。生命の源は、そこにつながっている。でも私たちの注意はまったく臍にないから、人間は宙ぶらりんの状態だ。臍のセンターは完全に病み、まったく注意が払われていない。しかも、それが成長する手筈も整えられていない。

何かしら、臍のセンターの成長を助ける手立てが必要だ。マインドを育成するために学校や大学をつくったように、臍のセンターを育成する何らかの手筈が是非とも必要だ。なぜなら、臍のセンターを成長させるものと、そうでないものがあるからだ。

話したように、恐れる状況が生じると、それはまず臍のセンターで感じられる。だから、度胸を養えば臍はよりいっそう健全になり、勇気を養えば臍のセンターはさらに成長していく。度胸が育つほどに、臍はより強く健全になっていく——そして生とのつながりも、いっそう深まる。だから世界の偉大な瞑想者たちはみな、度胸こそ探求者の重要な資質と考えてきた——度胸こそもっとも重要であると。度胸が重要であるのは、それが臍のセンターを全面的に活性化させるからだ。それは臍の全面的な成長において、実に助けになる。

この点について、順々に話していこう。

重要なのは、臍のセンターに最大限の注意を払うことだ。つまり下へ進み、より深く入っていくには、マインドのセンターやハートのセンターから、ゆっくりゆっくり注意を移動させる必要がある。そのために、ふたつの瞑想をしよう——ひとつは朝、ひとつは夜に行なう。朝の実験の説明をしよう。そうしたら十五分座って、その瞑想をする。

意識をマインドから下方へ移したいなら、マインドを完全にリラックスさせる必要がある。だが、私たちは常にマインドを緊張させている。私たちは緊張させ続けていることすら忘れている。マインドは完全に緊張しているが、私たちは気づいていない。だからまず、マインドをリラックスさせる必要がある。

さて、座って瞑想するにあたって、三つの要点がある……。

第一に、マインド全体をリラックスさせること。何もしていないくらい、マインドを穏やかにくつろがせる。しかし、マインドがリラックスしていると、どうやって知るのか？　こぶしをきつく握り締めると、あらゆる筋肉がとても緊張していることに気づく。そしてこぶしを開くと、あらゆる筋肉が緩み、リラックスしたことに気づく。私たちのマインドは常に緊張しているから、マインドが緊張するとはどんなことか、リラックスするとはどんなことか、それすら私たちにはわからない。そこで、あることをやってみよう。まずマインドをできるだけ緊張させ、次に突然リラックスさせる。すると、マインドが緊張しているときと、リラックスしているときの違いがわかるだろう。

さあ、座って瞑想するにあたって、一分間できるだけマインドを緊張させる。できるかぎり多くのストレスを加える。そして私は、「さあ、リラックスさせなさい」と言う――そうしたら、完全にリラックスさせなさい。緊張しているとはどんなことか、リラックスしているとはどんなことか、次第にわかるようになるだろう。要は、それを感じられるようになること。それをあなたの体験にすることだ。すると、さらにリラックスさせることができるだろう。第一点は、マインドを完全にリラックスさせることだ。

マインドと共に、全身もリラックスさせる。身体のどこにも緊張やストレスがないように、ゆったり座ること。身体のどこにも重みがあってはいけない。すると、あなたはどうするだろう？　すべてがリラックスすることを許した瞬間、鳥は歌い始め、水車の音が聞こえ、どこかでカラスが鳴き、どこかでまた別の音が聞こえる……。こうしたさまざまな音が聞こえ始めるのは、マインドがリラックスすればするほど、感受性が鋭くなるからだ。あなたは、あらゆるささやかなものも聞き取り、感じ取り始める。自分の鼓動も聞こえ始め、息が出入りするのも聞こえ、感じられる。

そして沈黙して座り、まわりで起こっているすべてを静かに味わい、他には何もしない。あなたは音を聞いているだろうか？――沈黙して、耳を傾けなさい。鳥が歌っている――沈黙して、耳を傾けなさい。息が出入りしている――沈黙して、見守り続けなさい。他には何もしないこと。あなたの側では何もしなくていい。というのも何かをすると、たちまちマインドは緊張し始めるからだ。

あなたは、リラックスした気づきの状態で座り続ければいい。すべてはひとりでに起こる。あなたは静かに、それに耳を傾けている。すると驚くだろう――沈黙して耳を傾けていると、より深い静寂が内側から湧き起こる。より深く耳を傾けると、静寂はさらに広がり続ける。十分もしないうちに、自分がすばらしい静寂の中心となり、すべてが安らいだことに気づくだろう。

では朝の最初の実験として、この技法を行なおう。まず、マインドを完全に緊張させる。私が「マインドを完全に緊張させなさい」と言ったら、目を閉じ、マインドをできるかぎり緊張させなさい。次に私は「リラックスさせなさい」と言う。そうしたら、リラックスさせなさい、どこまでもリラックスさせなさい……。同じように、身体もリラックスさる。目は閉じたまま、沈黙して座り、聞こえてくる音に静かに耳を傾けなさい。十分間、あなたは沈黙し、ただ耳を傾ける――他には何もしない。この十分のあいだに、あなたははじめて感じ始めるだろう――静寂の流れが漂い始め、生エネルギーが内側へ下降し始めたことを。それは、頭から下へ向かって沈み始める。

お互いに少し離れて座りなさい。他の人に触れないように。何人かは芝生の後方へ行きなさい。この朝の瞑想を知っている人たち、前回の瞑想キャンプに参加した人たちは、新しく来た人たちに話が聞こえるよう、芝生の後方に座りなさい。そうすれば、私が何かを話し、指示をしたい場合、聞き取れるだろう。経験者は新しい人たちが前に座れるよう、うしろの方へ行きなさい。そうだ、古い仲間はうしろに行き、新しい仲間は前に来るといい。聞き取れるように、何人かはこちらに来て、何人かはそのうしろに来るといい。他の人に触れないように座りなさい。他の人に触れてはいけない。まだ触れ合っている！　少し離れなさい！　もう少し離れなさい！　砂の上に座りなさい！

まず、ゆったりと目を閉じる。非常にゆったりと目を閉じなさい。目に緊張がないように。力を入れて閉じるのではなく、まぶたをゆっくり伏せなさい。目に重みがかからないように。目を閉じなさい。そうだ、目を閉じなさい、ゆったり閉じなさい。

さあ、全身をリラックスさせ、マインドだけを緊張させる。マインドにできるかぎり緊張を加え、できるかぎりストレスを加え、マインド全体を緊張させなさい。マインド全体を緊張させるよう、自分に強いる。あらんかぎりの力をこめて緊張させること。あらんかぎりの力をこめて緊張させるが、全身はリラックスさせる。マインドが完全に緊張するよう、全エネルギーをマインドに注ぎなさい——ちょうど、あらゆる筋肉を緊張させて握ったこぶしのように。一分間、あらゆる手段を用いて緊張させ続けなさい。緩めてはいけない。完全に緊張させる。できるかぎり緊張させなさい。あらゆる手段を用いてマインドを緊張状態にすること。緊張させ続けなさい。全力で緊張させなさい——極限まで。全力で完全にマインドを緊張させると、リラックスさせたとき、完全にリラックスするだろう。緊張させなさい！　緊張させなさい！

さあ、完全にリラックスさせなさい。それが完全にリラックスするのを許しなさい。マインドを完全にリラックスさせる。あらゆる緊張を解き放ちなさい。くつろぎが内側で起こり始める。あなたは内側で感じるだろう——何かが落ちたこと、緊張が消えたこと、何かが穏やかになったことを。完全にリラックスさせなさい、ただ、リラックスさせなさい……。

そして、まわりのあらゆる音——葉のあいだをそよぐ風、歌っている鳥たち——沈黙して座り、こうした音に静かに耳を傾けなさい。ただ耳を傾けなさい。

まわりの音に、ひたすら耳を傾ける。耳を傾けていると、マインドはさらに静寂に、ますます静寂になるだろう……耳を傾けなさい！　沈黙して耳を傾けなさい——完全にリラックスして。ひたすら耳を傾けなさい。十分間、ただ耳を傾ける行為になりなさい……。ひたすら耳を傾けていると、マインドは沈黙し始める……。沈黙して、ひたすら耳を傾ける、ただ耳を傾ける。すると、マインドは沈黙するだろう。あなたの内側で、静寂がひとりでに湧き起こり始めるだろう。あなたは、ただ耳を傾ける……ひたすら耳を傾ける。マインドは沈黙するようになり、完全に沈黙する。マインドは沈黙する。静寂のなかで、ひたすら耳を傾けなさい。マインドは沈黙する……。

第二章

頭、ハート、臍

THE HEAD、THE HEART、THE NAVE

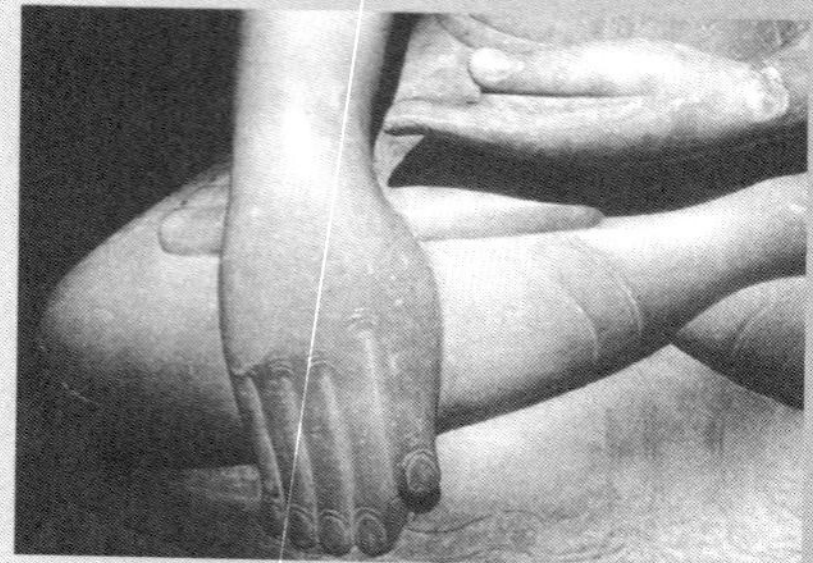

親愛なる人たちへ

今日の午後は、もう少し身体の真のセンターに関連する話をしたい。このセンターについて、いくつか質問も来ている。

生において、もっとも重要で基本となるセンターは、頭でもハートでもなく臍だ。人はマインドに従って発達してきたから、その生の方向や流れを誤ってしまった。過去五千年にわたって、私たちはマインドや知性ばかりを教育し、発達させてきた。その結果は実に有害なものになっている。その結果とは、全人類のほとんどが狂気の瀬戸際にいるということだ――ちょっとでも押せば、誰もが狂うだろう。マインドは、いまにも壊れる寸前だ。ちょっとでも押せば、マインドは崩壊するだろう。

これもまた驚くことだが、過去半世紀――過去五十年のあいだに、世界の偉大な思想家たちのほとんどが狂気に走っていった。

過去半世紀の西洋において、何らかの狂気を体験しなかった思想家は、ほとんど一人もいない。偉大な詩人、偉大な思想家、偉大な哲学者、偉大な科学者は、誰もが何らかの狂気に苦しんでいたことがわかっている。そして、教育を受ける人が増えるにつれ、狂気の兆候は次第に一般の人びとにも及んできている。
新しい人間を生み出そうとするなら、何としても生のセンターを変えねばならない。そのセンターが頭ではなく臍に近いなら、それは生エネルギーに近いということだ。

なぜ私はこんな話をするのか？　この背景として、理解すべき点がさらにいくつかある。母親の子宮のなかで成長している子供、成長中の胎児は、臍を通して母親とつながっている。母親の生エネルギーは、臍そのものを通って子供へ流れていく。母親の生エネルギーは、まったく知られざる、実に神秘的な電気の流れだ。それは子供の臍を通して、子供の全存在を養う。やがて子供は母親から離れ、誕生する。誕生したら、すぐに臍の緒を切らなければならない。こうして母親との分離が始まる。

子供は、どうしても母親から離れる必要がある。さもないと、自分自身の生を手にすることができない。母親のなかで育ち、母親の身体とひとつになっていた子供は、ある時点で彼女から離れなければならない。この別れは、母親とつながっていた臍の緒を断つことによって起こる。この臍の緒が断たれると、臍を通して得ていた生エネルギーは完全に止まる。彼の全存在は震え出す。彼の全存在は、昨日までは手に入っていたのに、今日になって突然止まってしまった生エネルギーの流れを求め始める。

子供は誕生すると泣くが、彼が感じる痛みは餓えのせいではない。それは生エネルギーから引き離され、つながりを断たれた痛みのせいだ。完全無欠な生エネルギーとのつながりは断たれた。昨日まで生を得ていた源は、もはやなくなってしまった。子供は必死に生を求める――もし子供が泣かないなら、医者や知る者は「何かがおかしい」と言うだろう。子供が泣かないとしたら、生き延びられないということだ。生エネルギーから引き離されたことを感じていないなら、それが意味するのはただひとつ――その子は死に近く、助からないということだ。だから子供を泣かせるために、あらゆる手が尽くされる。泣くことは絶対に必要だ。生きるためには、生エネルギーから引き離されたことを知らなくてはならない。知らないとしたら、その子は非常に危うい。

それは、子供が新しいやり方で再び生エネルギーとつながろうとするときの状況だ。やがて子供は、母乳を通して再び生エネルギーとつながる。つまり、子供の第二のつながりは、ハートとのつながりだ。母親のハートと共に、彼自身のハートのセンターもゆっくり成長し始め、臍のセンターは忘れ去られる。臍のセンターは、忘れられる必要がある。なぜなら、それはつながりを断たれ、もはや彼とは関係がないからだ。子供は臍を通して受け取っていたエネルギーを、いまでは口から受け取り始めている。彼は再び母親と結ばれる。別の回路《サーキット》がつくられ、彼はそれを通してつながる。

知ったら驚くだろうが、もし母乳で育てられず、母乳を与えられなかったとしたら、子供の生エネルギーはいつまでも脆弱なままだ。ミルクは別の方法でももらえるが、母親のハートの暖かい感触を常に受け取らないと、その子は生涯欲求不満で、長生きする可能性も大幅に減ってしまう。母乳を与えられない子供たちは、人生において決して豊かな至福や沈黙に至れない。

西洋そして次第にインドでも、若い世代は全体的に強い反抗心に溢れてきている。このもっとも深い理由、根源にある理由は、西洋の子供たちが母乳を与えられていないことだ。生に対する彼らの敬意、生に対する彼らの関わり方は、愛に満ちていない。ごく幼い頃から、生エネルギーは多くの衝撃を受け、彼らは愛情を抱けなくなってしまった。こうした衝撃、母親からの別離のなかで、彼らは生そのものから引き離されてしまった。なぜなら本来、子供にとって自分の母親以外に生はないのだから。

世界のどこを見回しても、女性が教育を受けたところでは、彼女たちは子供を自分の身近で育てたがらない。そして、その結果は途方もなく有害なものになっている。部族社会では、子供は長いあいだ母乳を与えられるが、社会に教育が行き届いていればいるほど、離乳の時期は早まる。子供は、母乳から引き離されるのが早ければ早いほど、それだけ生に安らぎを体験しにくくなる。まさに始まりから、彼らの人生には強い不安が広がる。彼らは、誰に対してこの不安の復讐をするだろう？　それは両親に対してだ。

世界中で、子供たちは両親に復讐している。他の誰に復讐するだろう？　自分の内側でどんな反発が起こっているのか、どんな反抗が湧き起こっているのか、どんな炎が生じているのか、彼らは自分でもわかっていない。しかし内側の深いところでは、無意識にわかっている——この反抗は、母親からあまりにも早く引き離された結果だと。ハートはそれを知っているが、理性は知らない。

その結果、彼らは自分の母親と父親に復讐する――あらゆる人に復讐する。母親や父親に反発している子供は、決して神に好感を持てない。彼が神に好感を持つ可能性はまったくない。なぜなら、神に対して湧き起こる最初の感情は、父母に対して湧き起こるものと同じであるからだ。

神は世界中で「父なる神」と呼ばれているが、これにはそれなりの理由がある。神は父親のイメージとして捉えられているが、これにはそれなりの理由がある。子供の人生における最初の体験が、父や母に対する信頼や感謝や尊敬であってこそ、神に対しても同じ体験が育っていくものだ。さもなければ、それは育たない。

生まれるとすぐ、子供は母親から引き離される。生エネルギーの第二の源は、母親のハートと関わっている。しかしある時点で、子供は乳離れをしなければならない。

適切な時期は、いつ訪れるのだろう？　それは私たちが思うほど早くは訪れない。子供の愛とハートが生涯にわたって正しく成長するためには、母親のハートのそばにもう少し長く留まらせるべきだ。子供たちは、あまりにも早く別れを強いられる。母親が子供を乳離れさせるのではなく、子供に自分で離れさせるといい。ある時点で、子供は自分で離れていく。母親が無理に乳離れさせることは、子供が九ヶ月後に子宮から出てくるのを許さず、四、五ヶ月で子供を子宮から取り出すようなものだ。子供が自分でやめようと決める前に母親が離乳させるのは、それと同じくらい有害なことなのだ。そうすると、第二のセンター、つまり子供のハートのセンターも、正しく成長しない。

この話と併せて、もう少しあなたに伝えたいことがある。聞いたら驚くだろう。世界のどこでも、男性が女性の身体でいちばん惹かれる部分は乳房だが、それはなぜだろう？　こうした人はみな、あまりにも早い時期に乳離れさせせられた子供たちなのだ！　彼らの意識のなか――どこか内側の深いところに、母親の乳房のそばにいたいという欲求が残っている。それは満たされていない――まさにこれが理由であり、まさにこれが原因だ。子供たちが充分に母親の乳房のそばにいられる部族社会や原始的な社会では、男性は乳房に対してそのような魅力は感じない。

それにしても、あなたたちの詩や小説、映画、ドラマ、絵画などが、すべて女性の乳房に集中しているのはなぜだろう？　それらはどれも、子供のころ充分に母親の乳房のそばにいられなかった男性によって創作されてきた。その欲求は満たされぬまま残り、今度は新たな形をとって現われ始める。ポルノ映画が制作され、卑猥な本や歌が書かれ、男性は道で女性にいやがらせをしたり、石を投げたりする。あなたはこうした愚行を生んでおきながら、あとになって文句を言い、彼らを排斥しようとする。

こころや、身体や、精神が正しく成長するには、子供は是非とも母親の乳房のそばに充分長くいる必要がある。さもないと、子供のハートのセンターは健やかに発達しない。それは未熟で、未発達で、滞ったままになる。また、ハートのセンターが未発達のままだと、不可能なことが起こり始める――ハートが成し遂げられなかった仕事、臍が成し遂げられなかった仕事を、人はマインドで成し遂げようとするのだ。この努力は、さらなる問題を引き起こす。というのも、それぞれのセンターには独自の役目があり、どのセンターもそれ自身の仕事しかできないからだ。他のセンターの仕事をすることはできない。

臍もマインドも、ハートの仕事はできない。しかし、子供が母親から引き離されるやいなや、残るセンターはただひとつ——それはマインドのセンターだ。そこにあらゆる重荷が降りかかる。マインドのセンターのために、教育、学習、学校、大学といった、さまざまなものが用意される。すると、よりマインドの発達した有能な人たちだけが、人生の先を行く。競争が始まり、人びとは人生のあらゆる活動にマインドで取り組もうとする。

マインドを通して愛する人の愛は偽物だ——マインドと愛は無関係なのだから。愛はハートを通してのみ生まれる。マインドを通してではない。でも、ハートのセンターが健やかに発達していないから、あなたはマインドを使い始める。あなたは愛についてすら考える！　愛と思考は何の関係もない。しかしあなたのなかでは、愛すらも思考活動として表現される。だから、世界中にこれほど多くの性的関心があるのだ。

性的関心の意味は、これに尽きる——つまり、セックス・センターの仕事をするために、マインドが使われているということだ。セックスがマインドに入り込むと、生全体が損なわれる。そしていまや世界中で、セックスがマインドに入り込んでいる。

セックス・センターは臍だ。なぜなら、生のもっとも強力なエネルギーはセックスだからだ。そこから誕生が訪れ、生命が訪れ、生命の成長が訪れる。だが、あなたの臍のセンターは未発達なので、あなたは他のセンターを使ってその役目をさせている。

動物はセックスをするが、性的関心は抱かない。だからセックスであっても、動物のセックスには美しさや歓びがある。

人の性的関心は醜い。それは、セックスがマインドのなかの思考過程になってしまったからだ——人はセックスについてすらも考える。

食べることは構わない。食べるのは非常に結構なことだ。しかし一日二十四時間、食べ物について考えているとしたら、その人は狂っている。食べることには、まったく問題などない。それはどうしても必要であり、人は食べなくてはならない。だが一日二十四時間、食べ物のことを考えているとしたら、センターは掻き乱されてしまう。胃の仕事をするために、彼はマインドを使っているのだ。しかし、食べ物はマインドに届かないし、マインドは消化することもできない。マインドにできるのは考えることだけ、あれこれ思いを巡らすことだけだ。マインドが食べ物のことを考えれば考えるほど、胃の仕事はますます無駄になる。それは損なわれてしまう。今度、試しに思考で食べ物を消化してみるといい!

ふつうは、食べたらそれについて考えたりしないものだ。食べ物はひとりでに胃に入り、胃は消化の作業を行なう。それは意識を持たないセンターだ。胃は自分の仕事を行ない、あなたは考えなくてもいい。でも今度、注意深くそれについて考えてごらん――いま食べ物が胃に到着した、いま消化が始まろうとしている、いまこんなことが起こっている、いまあんなことが起こっている……。その日あなたは、食べ物を消化できなくなってしまうことに気づくだろう。思考が入り込んでくればくるほど、胃の無意識の作用は乱される。食事に関して、こんな事態が起こることは稀だ――断食に取り付かれている人たちを除いては。

理由もなく断食をすると、次第に食べ物のことが思考に入ってくる。食べるつもりはない、断食をする――でも、食べ物のことを考えてしまう。この思考は、食べることよりずっと危険だ。食べることはまったく危険ではない。食べ物は生きていくのに不可欠だが、食べ物について考えることは病気だ。食べ物について考え始めると、生における成長は止まってしまう。人は、こうした無意味な思考に取り付かれてしまう。

これがセックスに関して起こっていることだ。私たちはそれを適切なセンターからマインドのセンターへ、強制的に移動させてしまった。そしていまでは、セックスについて考えている。

このように、あなたは生における三つの重要なセンターの機能を、徐々にマインドへ引き渡してしまった。それはちょうど目で聞き、口で見ようとするようなもの。耳で見たり、味わったりしようとするようなものだ。あなたは、そんな人を気違いと呼ぶだろう。目は見るための器官であり、耳は聞くための器官なのだから。耳は見ることができないし、目は聞くことができない。こんなことをやろうとするなら、最終的な結果は混沌《カオス》だ。

同様に、人には三つのセンターがある。生のセンターは臍、感情のセンターはハート、思考のセンターはマインドだ。思考は、この三つのセンターのなかでもっとも外側にある。次に深いセンターは感情のセンターであり、それよりもさらに深いのは存在のセンターだ。

あなたは、心臓が止まったら生エネルギーも止まると思っているかもしれない。しかし昨今の科学者の結論によると、心臓が鼓動をやめても、六分以内に再び鼓動させることができたら、そのあいだ人は生き続けることができる。臍にある生のセンターは、心臓とのつながりが途切れたあとも、六分間は活動を保つ。その六分間に心臓が再び鼓動し始めるか、新しい心臓が移植されたら、人は生命を保ち、死なずにすむ。しかし臍のセンターから生命が去ってしまったら、新しい心臓を移植しても無駄だ。私たちの内側のもっとも深くにあり、もっとも基本となるセンターは臍だ。だから今朝、私はこの臍のセンターについて少し話をしたのだ。

これまでのところ、私たちの生み出してきた人類は逆さまだ。まるで、人は頭で立ってシルシアーサナをしているようだ。シルシアーサナをする人は頭で立ち、足は空中にある。もし二十四時間シルシアーサナを試みるなら、内側の状態はどうなるか？　わかるだろう！　きっと狂ってしまうに決まっている。その人はすでに狂っている。さもなければ、二十四時間も頭で立とうとはしないだろう。そんなことをする理由はない。しかし生において、あなたは物事を逆転させてきた——誰もが頭で立っている！　あなたは頭を生の基本にしてしまった。思考すること、熟慮することが生の基本になってしまった。

思考や熟慮は生の基本ではないと真の宗教は言う――思考や熟慮から自由になること、無思考になることが基本だ。しかし、あなたは思考や熟慮によって生き、思考や熟慮によっていかに人生を生きるべきかを決めている。このため、あなたのやり方はどれも正しい道から外れてしまった。思考や熟慮によっては何も決められない――思考によって食べ物が消化されるわけではないし、思考によって血液が血管を流れるわけでもない。思考によって息が出入りするわけでもない。

主要な生理作用は、思考と無関係だと思ったことはないだろうか？　事実、考えすぎると、あらゆる生理作用は緩慢になり乱れる。だから、生理作用が邪魔されることなく順調に機能できるよう、毎晩あなたは深く眠る必要があるのだ。すると、朝が来れば再び新鮮な気分になれる。深く眠れない人は、まさに生存そのものが危うい状態にある。絶えず考えていると、基本的な生理作用が乱されるからだ。だから自然は、あなたを深い眠りへと、しばし引き込む。あなたを無意識の状態へ連れていく。そこではすべての思考が止まり、あなたの真のセンターが活性化する。

真のセンターのあいだには、関係性も存在する。たとえば私は、あなたの知性を通してあなたと関わることができる。あなたは私の考えを正しいと思い、私の考えはあなたに感銘を与えるかもしれない。だとしたら、あなたと私のあいだには知的な関係性がある。これはもっとも浅い関係性だ。しかし、知性が関係性をより深めていくことはない。

より深い関係性とは、ハートの関係性、愛の関係性だ。ただし、愛の関係性は思考を通じては起こらない。愛の関係性は、まったく知らぬうちに、思考なしに起こる。そして、さらに深いのは生の関係性だ。それはハートを通してではなく、臍を通してはたらく。それは、さらに言葉に尽くしがたい。あなたはこの次元をまったく知らないから、それがどんな関係性であるかは、定義することすら困難だ。

先ほど話したように、母親の生命力は子供の臍を活性化させる。母親の臍と子供の臍のあいだには、一種の電気が絶えず流れている。すると子供は、母親と同じ種類の電気が流れている女性のそばに行くと、無意識のうちにある種の関係性を感じる。その子は生涯にわたって必ずそうなる。しかし、どんな種類の関係性を感じ始めたのか、それはなぜなのか、彼にはわからない。私たちは、この知られざる関係性を愛と呼んできた。私たちはそれをはっきり知ることができないから、「盲目」と呼ぶ――愛は盲目だと。耳は見ることができない、舌は臭いを感じられない、目には味がわからない――そのように愛は盲目だ。愛はとても深いレベルから湧き起こるから、私たちはその理由を理解できないのだ。

あなたは突然ある人たちに強い嫌悪を感じ、彼らから逃げたいと思う。でも、彼らから逃げたい理由が自分ではわからない。なぜ逃げたいと思うのだろう？　あなたの電気と彼らの電気が正反対だと――その電気は、臍の影響を受けるのだが――あなたはなぜか、逃げ出さずにはいられなくなる。まるで、何かがあなたを彼らから無理矢理、引き離そうとしているかのようだ。

しかしときには、突然ある人の方へ引き寄せられるような気がすることもある。でも、それがなぜかはわからない。理由は何もないように思える。そうした体験をするのは、あなたの電気と彼の電気が近くて似通っており、タイプが同じで互いにつながっているからだと考えられる。


人の生には三種類の関係性がある。知性の関係性――これはさほど深くない。教師と生徒の関係性がこのタイプだ。愛の関係性――これは知性よりも深い。母と子、兄弟同士、夫婦の関係性がこのタイプだ。それらはハートから湧き起こる。そして臍から湧き起こる、さらに深い関係性がある。私は、臍から湧き起こる関係性を「友情」と呼ぶ。それは愛よりも深く進む。愛は終わることもあるが、友情は決して終わらない。私たちは今日愛する人を、明日には憎むかもしれない――だが、友人は決して敵にならない。もし敵になるとしたら、最初から友情などなかったのだと思いなさい。友人関係は臍の関係性だ――それはより深く、知られざる領域の関係性だ。

だから仏陀は人びとに、お互いに愛し合いなさいとは言わなかった。彼は友情について語ったが、これには理由があった。彼は、人生には友が必要だと言った。「なぜ、それを愛と呼ばないのですか？」と仏陀に尋ねる人さえいた。

仏陀は答えて言った、「友情は愛よりもさらに深いものだ。愛は終わることもあるが、友情は決して終わることがない」

愛は束縛し、友情は自由を与える。愛は人を奴隷にすることもある。所有し、主人になろうとすることもある。友情は、誰かの主人になったり、誰かを押さえつけたりしない。それは閉じ込めるのではなく、解き放つ。愛は束縛になる。なぜなら恋人たちは、自分以外の人を愛してはいけないと主張するからだ。

友情にはそうした主張がない。一人で何千、何百万もの友人を持つことができる。なぜなら友情はとても広大で、とても深い体験だからだ。それは生のもっとも深いセンターから湧き起こる。だから最終的に、友情はあなたを神性へと連れていく、もっとも偉大な道となるのだ。誰とでも友達でいる人は、いつか必ず神性に至る。それは、一人一人の臍と関係性が生まれているからだ。そしていつの日か、きっと彼は宇宙の臍のセンターと関わるようになる。

生における関係性は、知的なもの一辺倒でもだめだし、ハートのもの一辺倒でもよくない——より深い、臍の関係性が必要だ。

たとえば私たちは、はるか彼方の目に見えない生エネルギーの源とつながっている——それは世界のどこでもはっきりしてはいないが、やがて明らかになり、やがて私たちの知るところとなるだろう。私たちは、月は彼方にあるけれど、海に知られざる影響を及ぼしていることを知っている——海は月と共に満ち引きをする。私たちは、太陽は彼方にあるけれど、それは目に見えない糸を通して、生命につながっていることを知っている——朝、太陽が昇ると、生に革命が起こる！　眠っていたもの、ぐったりと横たわっていたもの、無意識だったもの——すべてが意識的になり始める。眠っていたものが目覚め始める。花は咲き、鳥は歌いだす。太陽からの目に見えない流れは、私たちに影響を残す。

このように私たちに届く、目に見えない生エネルギーの源は、他にもある。それらは私たちの生を絶えず操っている。太陽だけでなく、月だけでなく、空の星だけでなく、生そのものにエネルギーの流れがある。私たちはどこにもそれを見つけられないが、それは常に私たちのセンターに影響を与え、センターを操っている。私たちのセンターが受容的であればあるほど、このエネルギーは私たちの生により多くの影響を与えることができる。私たちのセンターの受容性が少なければ少ないほど、このエネルギーはわずかしか影響を与えられない。

太陽が昇り、花が咲く——しかし花のまわりに塀を築き、花に太陽光線が届かなかったら、花は咲かずにしおれてしまう。囲われた塀の向こうでは、花はしおれてしまう。太陽は、力ずくで押し入って花を開くことはできない。花は待ち望み、準備していなければならない。花に必要なのは、花を開かせる機会を太陽に与えることだ。

太陽は、たった一輪の花を探しに行くことはできない。花のもとに至るために、どの花が壁の向こうに隠れているかを確かめに行くこともできない。太陽は、花のことを知るよしもない。太陽が昇り、花が咲く——それはすべて、完全に無意識な生の作用だ。塀のなかに閉じ込められていたら、花は咲かず、しおれて枯れてしまうだろう。

生エネルギーはあらゆる方向から流れているが、臍のセンターが開いていない者たちは、その流れから疎外されてしまう。彼らはそれを知ることすらない。このエネルギーがそこにあり、自分に影響を及ぼしたであろうこと、開かれたはずの何かがそこに隠されていたこと――彼らはそれに気づきもしないし、それを知ることすらないだろう。臍の開花は、古代から蓮《ロータス》と呼ばれてきた。なぜなら、それは開く可能性があるからだ――何らかの生エネルギーがそれを開く。そのために準備がいくらか必要だ。そのために、私たちのセンターは大空に向けて準備していなければならない。また、それに注意を払う必要もある。そうすれば、入手可能な生エネルギーは臍のセンターに至り、それに生命を与えることができる。今朝、私はこのことに関していくつか話をした。

あなたの生のセンターが咲き誇る花になり、あらゆる方向からやって来る目に見えないエネルギーの流れとつながることは、どうしたら可能なのだろう？　どうしたら可能になるのだろう？　それはどのように起こるのか？　思い出したことがいくつかある。その話をいま――今晩することにしよう。明日は、二番目の要点について話せるだろう。

第一点はあなたの呼吸だ……。呼吸が深ければ深いほど、自分の臍にはたらきかけ、成長を促す可能性は増す。でも、あなたはそれを知らない。あなたは、自分がどれだけ深く呼吸をしているか、どれだけ浅く呼吸をしているかすら知らない――あるいは、どれだけ必要なのかも。悩めば悩むほど、あなたはますます思考でいっぱいになる。あなたは気づいていないだろうが、マインドが重荷を負えば負うほど、呼吸はますます浅くなり、妨げられるのだ。

怒っているときは呼吸にある変化が起こり、安らいでいるときは別の変化が起こるのを観察したことはないだろうか？　マインドに強い性欲があると、呼吸は特有の変化を起こす。一方、マインドが美しい感情に溢れているときは、違う変化を起こす――そのようなことを観察したことはないだろうか？　病人には特有の呼吸の仕方があり、健康な人にはまた別の呼吸の仕方があるのを観察したことはないだろうか？　呼吸の流れは、マインドの状態によって刻々と変わる。

その逆もまた真なりだ。呼吸の流れが完全に調和していたら、それはマインドの状態を変える。マインドが変わるから呼吸が変わるのか、あるいは呼吸を変えるからマインドに影響が及ぶのか――どちらかだ。


生のセンターを成長させ、生のセンターに影響を与えたい人にとって、第一点はリズミカルな呼吸だ。座っていても、立っていても、あるいは動いていても、呼吸は調和がとれ、安らぎ、深くあることが肝心だ。そうすれば、昼も夜もさまざまな呼吸の音楽やハーモニーを体験できる。何も仕事をせず道を歩いているとき、あなたはこの上なく至福を感じているだろう。深く、静かに、ゆっくりと、調和を保って呼吸するなら、ふたつの恩恵がある。呼吸が調和を保っているあいだ、思考活動は減り、思考はほとんどなくなる。呼吸がどこまでも一定していたら、マインドのなかの思考は完全に消える。

呼吸はマインドのなかの思考にとても深く、非常に大きな影響を及ぼす。正しく呼吸をするのに費用はまったくかからないし、正しく呼吸をするのに特別な時間をかける必要もない。電車のなかで座っていても、道を歩いていても、家で座っていても、深く安らいだ呼吸のプロセスが継続されるなら、二、三日もしないうちに、このプロセスは自然に起こるようになる。あなたはそれに気づきもしないだろう。呼吸はひとりでに、深くゆったりする。

呼吸の流れが深くゆったりするにつれ、臍のセンターはさらに成長する。呼吸するたびに、呼吸は臍のセンターを打つ。臍のセンターの上方で呼吸が出入りすると、呼吸はそのセンターを打たないから、それは次第に怠惰になり、弱くなる。

昔、人びとはいくつかの鍵――呼吸法を見つけた。しかし、人は愚かにもその意味に気づかず、それを理解すらせず、決まった型を繰り返し始めた。それは、科学者が水の化学式H_2Oを見つけたのと似ている。科学者は、水素と酸素が結合して水が生じると言う。水素の原子ふたつと、酸素の原子ひとつがH_2Oという化学式をつくる。さて、「ラーム、ラーム、オウム、オウム」と繰り返すように、「H_2O、H_2O」と繰り返し始めたら、私たちはその人のことを頭がおかしいと言うだろう――化学式を繰り返して何が起こるというのか？　化学式は物質の表示にすぎない。それが何かを理解してこそ、化学式は意味を持つ。

人びとが座りながら「ａｕｍ（オウム）」の音を繰り返すのを、しばしば耳にすることがあるだろう。彼らは「ａｕｍ」がH_2Oのような化学式であることを知らない。「ａｕｍ」には三つの文字がある。それは「ａ」「ｕ」「ｍ」だ。たぶんあなたは気づいたことがないだろうが、口を閉じて内側で「ａａ」と声を出すと、「ａ」の音が頭に反響するのが感じられる。「ａ」は頭のセンターを表す。内側で「ｕ」と言うと、「ｕ」の音がハートの内側で反響するのを感じる。「ｕ」はハートのセンターを表している。そして「ａｕｍ」の三番目の部分である「ｍ」を内側で言うと、それが臍の近くで反響するのを感じるだろう。「ａ」「ｕ」「ｍ」は、頭の音、ハートの音、臍の音を表す三つの音だ。「ｍ」と言ったら、その力のすべては臍で感じられる。「ｕ」と言ったら、その力がハートに向かうのが感じられる。「ａ」と言ったら、「ａ」は頭のなかで反響し、消えていく。

これは公式だ。「ａ」から「ｕ」へ、「ｕ」から「ｍ」へ進まなければならない。漫然と「ａｕｍ」を繰り返していては、何も起こらない。「ａ」から「ｕ」へ、「ｕ」から「ｍ」へ――このような方向へ私たちを連れていくプロセスに注目すること。第一のプロセスは深い呼吸だ。深ければ深いほど、息はより調和がとれ、調子が整う。内なる生エネルギーがますます湧き起こり、あなたの臍から放たれ始める。あなたの臍は、生き生きとしたセンターになる。

数日のうちに、あなたは臍から流れ出すエネルギーがあることを感じ始めるだろう。また、流れ込むエネルギーがあることも感じるだろう。あなたは、臍の近くにとても活発で力強いセンターが成長し始めていることに気づく。これに気づくや否や、このセンターのまわりで、さらに多くの体験が起こり始める。

生理学的な観点からすると、臍のセンターを成長させるには呼吸が最も重要だ。心理学的な観点からすると、臍を成長させるにはある種の資質が役に立つ。朝、私は度胸について話をした。恐れが強ければ強いほど、臍のセンターには近づけなくなる。恐れが少なければ少ないほど、臍のセンターにより近づく。

そこで、子供の教育について是非とも提案したいことがある——暗いから外に出てはいけないと子供に言うべきではない。たとえ、ついうっかりでも言ってはいけない。あなたは、子供の臍のセンターを永久に損ねていることに気づいていないのだ。どこでも暗いところへ行きなさいと、必ず子供に言いなさい。暗闇がお前を呼んでいると言いなさい。川が氾濫しているとき、「飛び込んではだめ」と子供に言ってはいけない——あえて氾濫した川に入っていく子供は、臍のセンターを成長させている。それを、あなたは知らないのだから。川に飛び込まないような子供の臍のセンターは、弱々しくて力がない。子供が山に登りたがったら、そうさせなさい。木に登りたがったら、そうさせなさい。冒険や度胸を体験できる場所へ、どこでも行かせなさい。山に登り、川に飛び込み、あるいは木に登る子供たちが、毎年何人か死ぬとしても、まったく構わない。ある共同体の子供たち全員が恐がりで、度胸がなくなっているとしたら、その共同体全体は生きているように見えて、実際は死んでいる。

インドでは、こうした不幸が起こった。私たちは宗教について多くを語るが、勇気については何も知らない。勇気なくしては、そもそも宗教などないということを、私たちは知らない。勇気がなければ、生の中心となる要素は未発達のままだからだ。勇気が必要だ——死に立ち向かっていけるほどの途方もない勇気が。インドでは宗教に関する話はたくさんあるが、死に対する私たちの恐怖は際限がない！　実際は、その逆であってしかるべきだ。魂を知る人びと、魂を認識した人びとは、死をまったく恐れないはずだ。なぜなら、死は存在しないのだから。しかし魂について多くを語りながら、あなたは強く死を恐れている。途方もなく恐れている。

たぶん、あなたは死を恐れているから、魂について語るのだろう。魂について語れば、「自分は死なない、魂は永遠だ」という慰めを得られる。おそらく、あなたはこの恐れゆえに語るのだろう——これが本当のところのようだ。度胸を育てるといい。途方もない度胸を育てるといい。危険に直面する機会があったら、いつでもそれを歓迎するといい。

かつて、ある人がニーチェに「人はどのように人格を磨くのですか？」と尋ねた。

彼はとても奇妙な格言を与えた——予期せぬような格言を。彼は言った、「危険に生きることだ！　人格を磨きたいなら、危険に生きるがいい」

でもあなたは、安全に生きれば、より良く暮らせると思っている——預金があって、家があって、警察や軍隊がいて、不安はない……。こうしたなかで、あなたは穏やかに暮すことができる。こうした備えや快適さを調えることで、自分がほとんど死んでしまうことに、あなたは気づいていない。

そこには、もはや生きる意味がない。なぜなら生の唯一の意味は、危険に生きることだからだ。生きる意味は他にはない。死体が絶対に安全なのは、もはや死ぬことができないからだ。もう誰も死体を殺せない――彼らの墓は絶対に安全だ。

ある皇帝が宮殿を建てた。安全策として、彼は宮殿にひとつしか扉を設けなかった。近隣の皇帝が、それを見にやって来た。彼はとてもそれを気に入って言った、「私も同じような宮殿を建てたいものだ。これは実に安全だ。敵は入り込めない」。扉はひとつしかなく、その扉には万全の備えが施されていた。

その皇帝が立ち去るとき、招待した皇帝は大勢の人びとを集めて盛大に見送った。立ち去りながら皇帝は言った、「実に光栄だった。私もこんな宮殿をつくろう」

彼のそばには老人が立っていたが、その老人が笑い出した。皇帝は尋ねた、「なぜ笑っているのだ？」

老人は言った、「こんな宮殿をつくるのなら、あのお方と同じような間違いをしないことですね！」

「どんな間違いだ？」と皇帝は尋ねた。

「扉はひとつもつけてはいけません。すべての扉を塞ぐんです。そうすれば、絶対に安全ですよ」と老人は答えた。

皇帝は言った、「そんなことをしたら、墓になってしまうぞ」
老人は言った、「この宮殿だって、墓になってしまいました。扉がひとつしかなくて、安全完備、どこからも危険が及ばない——そいつは墓ですよ」

あなたは恐れの不在が度胸だと考えるが、これは間違いだ。度胸とは、恐れの不在ではない。度胸とは、恐れが存在しながらも、内側に生まれる完全に別なものだ。それは恐れの不在ではない。度胸とは、恐れが全面的に存在しながらも、勇気を持ってそれに直面することだ。でもあなたの人生には、それが育っていない。

あなたへの提案はこうだ——寺院で祈っていても、あなたは神性に近づかない。しかし、生の冒険と度胸があなたを招いているとき、危険があなたを呼んでいるとき——そのときあなたが踏み込むならば、あなたはきっと神性の近くに至るだろう。危険や不安定さのなかで、あなたの内側に隠されていたセンター、眠っていたセンターが目覚め、機敏になる。危険や不安定さのなかで、センターは挑戦《チャレンジ》を感じる——そして、こうした状況のなかでこそ、臍のセンターは成長できるのだ。

昔、遊行者《サニヤシン》たちはこの不安定さを受け容れた。彼らは家庭を捨てたが、それは家庭が悪だったからではない。のちに愚かな人びとが、「サニヤシンが家庭を捨てたのは、それが悪であるからだ。妻子を捨てたのは、それが束縛になるからだ」と考え始めた。この考えは間違っている。サニヤシンはただ、安定を捨てたかったのだ。支えもない、友もない、知り合いもない、自分のものと呼べる人が一人もいない不安定な状態に入っていくことを望んだのだ。病や、死や、危険や、貧困があるかもしれない場所――彼はこの不安定な状態に入っていくことを望んだ。つまりサニヤシンとは、不安定を選んだ者のことだった。

しかし、のちにサニヤシンは自らたいそうな安定を築き上げた。社会に生きる人たちよりも立派な！　社会に生きる人は、生計を立てるために稼がなければならない。だが、サニヤシンはそうではない――彼はもっと安定している。彼はただ受け取る――服を得て、住む場所を得て、何もしなくていい。唯一の違いは、稼ぐ必要すらないことだ。お金を稼ぐ困難や不安もなくなってしまった。彼のために他の人がお金を工面し、誰かが便宜を図ってくれる。だからサニヤシンは、杭につながれた人間のようになってしまったのだ。だからサニヤシンは勇敢になれない。サニヤシンは、この世でまったく無力な人に見える。ほんのわずかな勇気すら示せない。

あるサニヤシンは「私はジャイナ教徒だ」と言う。あるサニヤシンは「私はヒンドゥー教徒だ」と言う。別のサニヤシンは「私はイスラム教徒だ」と言う。サニヤシンがヒンドゥー教徒や、ジャイナ教徒や、イスラム教徒だなんてことがあり得るだろうか？　サニヤシンはすべての人に属している。だが、「私はすべての人に属している」と言うことには恐れが伴う。なぜなら、そう言うと、サニヤシンは誰にも属していないという意味になり得るからだ。すると、彼に食べ物を施す人びと、彼のために家を作る人びとは、もう彼に愛想良くしてくれないかもしれない。彼らは言うだろう、

「あんたは私たちに属していないよ。あんたがみんなに属しているのなら、みんなのところに行けばいい。あんたがジャイナ教の僧侶であればこそ、いろいろ便宜を図るがね」。もしくは、「あなたがイスラム教の僧侶なら、いろいろ便宜を図ろう。私たちはイスラム教徒だ。だから、イスラム教の僧侶のためだけに便宜を図るのだ」。だから僧侶は「私はイスラム教徒だ」と言い、あるいは「私はヒンドゥー教徒だ」と言う。これは安住を求めることであり、新居を求めることだ。彼らは古い家を捨て、今度は新しい家を欲しがっている。

近頃の状況はこうだ。ずる賢い者たち、立派な家が欲しい者たちは、決して家を建てない。彼らは、あっさりサニヤシンになる！　彼らは人びとに言う、「君たちは思慮がない――自分の家を建てている。君たちは罪を犯しているから、おそらく地獄へ行くだろう！」。そして、こうした人びとに自分たちの家を建てさせる。彼らはそこに住み、天国へ行く思いを楽しみ、徳を積み、人生の問題のすべてから逃げる。こうしてサニヤシンは、自分だけの安定を築いてしまった。

しかし、そもそもサニヤシンの意味とは、危険に生きることの渇望だ。元を正せば、避難場所も道連れもなく、明日をも知れないという意味なのだ。

キリストがある庭を歩いていた。彼は友に言った、「庭に咲いている花々が見えるだろうか？　花たちは明日、太陽が昇るかどうかも知らない。明日、水を得られるかどうかも知らない。それでも今日、歓びのうちに咲いているのだ」

人間だけが、今日を明日のための準備に費やす。さらに明日が来ると、あさってのための準備をする。墓をどう建てるかを算段する人たちもいる。自分のことを賢いと思っている人びとは、自分の亡骸を納めるための記念碑を前もってつくっておく。

あなたはあらゆる準備をするが、完全に忘れている――明日の準備をするとき、そうした準備をしながら、今日という日を犠牲にしていることを。そして明日になると、再び翌日の準備を調え、またしてもその日を犠牲にしてしまう。毎日のように翌日の準備をし、いまの一日を失い続ける。だが、いまの一日の他には何もないのだ。明日は決して訪れない。それはいつも、今日として訪れる。人は明日のために今日を犠牲にしてしまう。

これが安定を求めるマインドの性質だ――それは明日のために今日を犠牲にする。それは未来のために現在を犠牲にする。だが、未来は決して訪れない。明日は決して訪れない。人は最後になって、自分の生涯が手からすべり落ちていったことを知る。

勇気を持って今日を生き、明日のことなど気にしない人は、危険に生きている――なぜなら、明日は危険があるかもしれないからだ。何ひとつ確実ではない。今日は愛してくれている妻が、明日には愛してくれないかもしれない。今日は愛してくれている夫が、明日には愛してくれない可能性もある。明日のことは定かではない。今日はお金があるけれど、明日には一銭もないかもしれない。今日は服があるけれど、明日にはないかもしれない。明日のこの不安定さを全面的に受け容れ、明日を待ち、明日がもたらすすべてに直面する――そのような人のなかでは、いわゆる臍のセンターが成長し始める。彼の内側では力が、エネルギーが、勢いが湧き起こる。彼の内側には土台ができる。それは勇気という支柱のようなものだ。その上で、彼の生は成長していくことができる。

つまり、身体的なレベルでは呼吸が必要であり、心理的なレベルでは勇気が必要だ。臍のセンターの成長には、基本的にこのふたつが必要だ。もし他に何かあったら、これに関して質問があったら、今晩それについて話そう。しかし、まずこの集いが終わる前に、もうひとつ話しておくことがある。

七、八百年前の日本では、独特な人間をつくる試みがあった。それはサムライと呼ばれた。彼は僧侶であり、かつ戦士でもあった。これは実に奇妙だ――僧侶と戦士に、どんな関係があるだろう？　日本の寺院は実に風変わりだ。寺院では、瞑想を教えると共に、柔術、柔道、格闘技、剣術、弓道も教えていた。もしそこに行って見物することがあったら、驚くだろう！　瞑想をする寺院で、なぜ剣を使う必要があるのか？　そして柔道、柔術、格闘技を教えること――それが瞑想とどう関係するのか？　瞑想をする寺院の前には、剣のシンボルがあった。これは実に奇妙なことだ。

しかし、それには理由があった。日本の瞑想者たちは、次第に気づくようになったのだ――探求者の生に勇気と強さを養う可能性がなければ、その探求者にはマインドしか存在しない、もっと深い他のセンターは成長しないと。彼は学者にしかなれず、聖者にはなれない。いわゆる博学な人にならなれる。ギータやコーランや聖書やウパニシャッドを知り、それを鸚鵡《オウム》のように暗記することは可能だ。それならできる。しかし、彼には生の体験がない。だから瞑想者は、剣や弓矢の使い方を教わったのだ。

近頃、私の友人の一人が日本から帰ってきた。誰かに像をもらい、彼はとても戸惑っていた。いったいどんな像なのか、理解できなかったのだ。彼は帰国すると、その像を持って私のところにやって来て言った、「ある人が、私にこの像をくれたんだ。それでここに持ってきた。いくら考えても、どんな像なのかわからないものでね。これはどういう意味なんだい？」。それは武士の像だった。

私は彼に言った、「私たちは何千年も誤解しているから、君も理解できないだろうな」

その像は、抜き身の剣を手にした戦士だった。剣を手にした側の顔は、剣の反射で輝いていた。そちら側の顔は、アルジュナの顔を髣髴《ほうふつ》させた。彼のもう一方の手には燭台《ランプ》があった。そして、その燭台の明かりは、彼のもう一方の顔に注がれていた。そちら側の顔は、仏陀やマハヴィーラやキリストの顔を髣髴させた。一方の手には剣、もう一方の手には燭台があった。あなたは理解できないだろう――手にしているのは、剣か燭台のどちらかであるはずだと考えるからだ。どうして一人の人間の手に、このふたつがあり得るだろう？

だから私の友人は理解できなかった。彼は私に言った、「まったくわからんよ。いったいどういうことなんだ？」

一方の手に輝く剣を持つ人だけが、もう一方の手に燭台を持てるのだ――と私は言った。彼にとって、剣を使うことは重要でない。剣を使うのは弱い者たち、恐がっている者たちだけだ。その生涯が剣のようになった人は、剣を使う必要がない。彼の生すべてが剣だから、剣を使う必要などないのだ。

剣を手にしているからといって、彼がそれを使い、誰かを傷つけたり殺したりするだろうと思ってはいけない。人を殺すのは、殺されるのを恐れる人だけだ――殺されるのを恐れない人は、決して人を殺さない。暴力的な人は、実のところ恐がりなだけだ。事実、暴力的でない人だけが、剣を手に携えることができる。実のところ、自分自身が剣になってはじめて、人は暴力的でなくなる。さもなければ無理だ。

その実存に剣のような勇気が生まれ、その実存に剣のようなエネルギーと強さが生まれた人――安らぎの燭台は、そんな人だけが受ける恩恵だ。

つまり人格というものは、一方で全面的な強さに漲《みなぎ》り、もう一方で全面的な安らぎに満ちているべきだ――そのときはじめて統合された人格、全体性が生まれ得る。

これまで、世界には二種類の状況があった。人びとは手にランプを下げ、すっかり弱々しくなってしまった――誰かがランプを消しても、それを制止することすらできないし、なぜランプを消すのかと問いただすことすらできないだろう。ただこう思うだけだ、「こいつが行ってしまったら、またランプを灯そう。もし行かないのなら、暗闇のなかに留まろう——どちらでも問題ないさ。どうして抵抗するなんて問題を起こすのさ?」。だからひとつの状況として、一方でランプを手にしながら、それを守る強さを持たない人たちがいる。

インドはそうした弱い国になってしまった。弱い国になってしまったのは、私たちが生エネルギーの真のセンターを成長させなかったからだ。私たちはただマインドと共にいて、ギータやウパニシャッドやマハヴィーラの語った言葉を暗記し、それらに注釈を加え続けてきた。師と弟子は座って、生とは関係のない無駄話を数限りなくし続けた。私たちの国全体、私たちの民族全体は衰弱し、強さを失っている。インドは無力になってしまった。

そしてもう一方で、ランプのことを気にかけるのをやめてしまった人たち、剣を手に取って使い始めた人たちがいる。彼らはランプを持っていなかったから、暗闇のなかで殺している相手を見ることができなかった。自分が殺しているのは仲間なのか他人なのか、彼らにはわからなかった。だから殺し続けた。そして、誰かがランプを灯すことについて話し始めると、彼らは言った、「くだらないことを言うのはやめてくれ。ランプを灯すのに使う時間は、剣を使うために使える。それに、ランプを作るのに使う金属で、剣をもう一本作ることができる。どうしてその油や金属を、すべて無駄にするんだ? 人生とは剣を使うことだ」

西洋の人びとは暗闇のなかで剣を使う。東洋の人びとはランプを持ってそこに座っているが、剣はない。そして両方とも泣いている。全世界が泣いている。正しい人間が生まれてこなかった――正しい人間とは、強い剣と安らぎのランプの両方だ。このふたつが内側に生まれてこそ、私はその人を宗教的な人と呼ぶ。

今日は、第一の要点についていくらか話をした。これについて疑問がたくさん浮かんだら申し分ない。それは浮かんで当然だ。あなたがこれらの疑問を書き留めたら、今晩それに答えよう。そして明日は、他のいくつかの要点について話を始める。だから今日は、今日話してきたことに限って質問をしなさい。他のことに関する質問はいけない。明日は、別の要点について話す。そうしたら、それに関する質問をしていい。あさっては、さらにいくつかの要点について話す。そうしたら、それに関する質問をしていい。だが今日は、私がいま話したことについて質問するといい。この三日間の話とは関係ない質問があるなら、最終日に尋ねるといい。そのとき話すことにしよう。

第三章　臍——意志の在り処

THE NAVEL : SEAT OF WILL

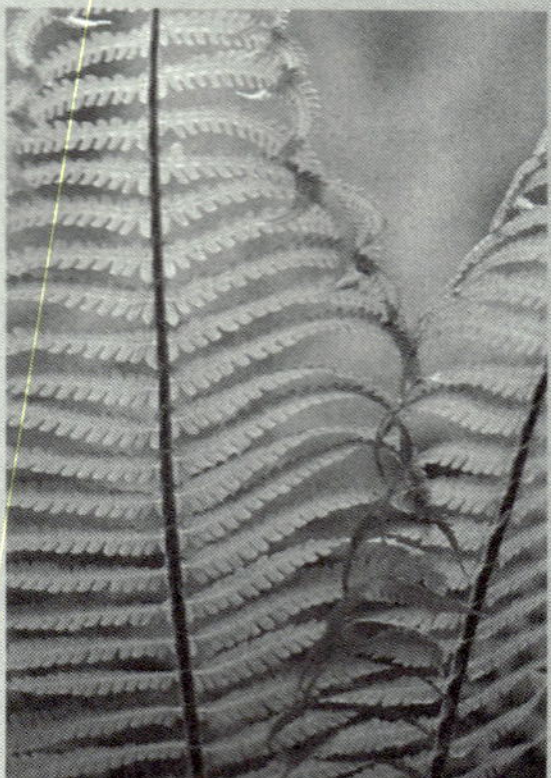

親愛なる人たちへ

どうしたら、自らの実存の中心に生を定めることができるのか？　どうしたら自分自身というものを体験できるのか？　どうしたら本来の自己に到達できるのか？　これについては今日のふたつの話で、すでに話してきた。さらにいくつか質問が来ている。それに答えていきながら、今度は三つの要点について話そう。明日とあさっては、今日の話とは関係のない質問に答える。

これから今日の話に関する質問に答えるにあたって、三つの要点に分けながら答えるとしよう。

最初の要点は、いかに臍のセンターから生を生き、自己の中心に定まり、みずからの実存の中心に定まって生き始めるかということだ。その前に、三つの重要な方法について話をしたい。それによって、臍に眠っているエネルギーは目覚め得る。ひとたびそれが目覚めたら、それは肉体と異なるもの——意識を体験する扉となる。その三つの要点を挙げ、それから説明しよう。

最初の要点は正しい食事、第二の要点は正しい労働、第三の要点は正しい睡眠だ。正しい食事、正しい労働、正しい睡眠を得ていない人は、決して臍に中心を定められない。人は、この三つすべてと接触を失ってしまった。

人間は、気まぐれな食事をする唯一の動物だ。他の動物たちはみな、食事が一定している。何を食べたらいいか、何を食べてはいけないか、どれだけ食べたらいいか、どこまで食べてはいけないか、いつ食べたらいいか、いつやめたらいいか――それは肉体の基本的な要求と、生理的な要求が決める。でも人間は、まったく気まぐれで、まったく不確かだ。生理的な要求は何を食べたらいいかを告げてくれないし、気づきはどれだけ食べたらいいかを告げてくれない。理解はいつ食べるのをやめたらいいかを決めてくれない。人間の場合、これらの質は気まぐれだ。人間の生活は、とても不確かな方向へと進んでしまった。だが、せめてわずかなりとも理解があれば、せめてわずかなりとも知性によって生き始めるなら、せめて少しでも思慮深ければ、せめてちょっとでも目を開ければ、正しい食事に切り替えることはまったく難しくない。それはとても簡単だ――これほど簡単なことはない。正しい食事を二つの点に分けて理解しよう。

第一点――何を食べたらいいか、何を食べてはいけないか？　人間の身体は化学的な元素で構成されている。身体のさまざまな作用は、どれも実に化学的だ。アルコールが入ると、身体は化学物質によって影響を受け、酔っ払い、無意識になる。どれほど健康で、どれほど安らいでいる人でも、酔わせる物質の化学作用は、その身体に影響を及ぼす。どんな聖者でも、毒をもられたら死ぬ。

ソクラテスは毒をもられて死に、ガンジーは銃弾に倒れた。銃弾は聖者と罪人の見分けがつかないし、毒はソクラテスと普通の人の見分けがつかない。有害な酒類や毒物も、食べ物も、あなたが何者か、どんな人物であるかを理解することはない。それらの機能は単純だ――それらは身体の化学反応のなかに入り、作用し始める。このように、人を酔わせる食べ物は意識に害を及ぼし、意識を掻き乱す。人を無意識にさせ、興奮させ、極端に走らせ、精神的な動揺を与える食べ物は、すべて有害だ。そしてこれらが臍に及び始めると、もっとも深く甚大な害となる。

おそらくあなたは気づいていないだろうが――世界中で行なわれている自然療法では、泥パック、菜食、消化の良い食事、湿布、入浴などを用いて身体を癒している。だが、湿布や泥パックや入浴が身体に効く理由は、それらの特異な質によるものではなく、それらが臍のセンターにどう影響を及ぼすかによるものだ――自然療法は、この点をまだ理解していない。そして次に、臍のセンターが身体の他の部分に影響を及ぼす。こうした泥や水や入浴は、臍のセンターにある、眠っているエネルギーに影響を与える。このエネルギーが生まれると、人は健康になっていく。

しかし自然療法は、まだこのことに気づいていない。自然療法の考えでは、こうした有益な効果は、泥パックや入浴や腹部の湿布のおかげという訳だ！　確かにそれらは成果をあげる。だが真の恩恵は、眠っていた臍のセンターのエネルギーが目覚めることから訪れる。

臍のセンターを酷使したら――間違ったダイエット、間違った食べ物をとり入れたら――臍のセンターは徐々に活動を休止し、そのエネルギーは弱々しくなる。そのセンターは徐々に眠り始め、ついにはほとんど眠ってしまう。すると私たちは、それがセンターであることに気づきもしなくなる。そうなると、私たちが気づいているセンターは二つだけ――ひとつは思考が絶えず動いているマインド、もうひとつは感情が動いているハートだ。もっとも、ハートへの気づきはごくわずかなのだが。私たちは、これより深いものとはつながりを持っていない。さて、食事が軽ければ軽いほど、身体の重苦しさは減る。あなたの内なる旅を始めるために、それはさらに貴重で重要なものとなるだろう。

正しい食事について、まず覚えておくべきこと――興奮させたり酔わせたりするもの、重いものはいけない。正しく食べたあとは、重苦しさや眠気を感じないはずだ。しかし、おそらく私たち全員が、食後に重苦しさや眠気を感じている。だとしたら、正しく食べていないと自覚することだ。

偉大な医者であるケネス・ウォーカーは、彼の自伝でこう言っている――生涯を通じた経験からすると、人が食べるものの半分は自分の胃袋を満たし、半分は医者の胃袋を満たしている。普段の半分しか食べなければ、まったく病気にならないし、医者の必要もないだろう。

充分な食事をとらないせいで病気になる人もいるし、食事をとり過ぎるせいで病気になる人もいる。餓死する人もいれば、食べすぎで死ぬ人もいる。そして食べすぎで死ぬ人の数は、餓死する人を常に上回っている。餓死する人はごく少数だ。自ら餓えようと思っても、少なくとも三ヶ月は死ぬ可能性がない。誰でも、食べ物なしで三ヶ月は生きられる。しかし三ヶ月にわたって過食をしたら、生きている可能性はない。

私たちからすると、まさに発想そのものが奇妙に思えるような人びとがいた。ネロと呼ばれた大皇帝だ。彼には二人の侍医がいたが、その仕事は食後に彼を吐かせることだった。そうすれば、彼は少なくとも一日に十五回から二十回は食べることを楽しめた。彼は食事をとり、それから再び食事を楽しめるよう、吐き薬を飲んだ。しかし、私たちのしていることも、たいして変わらない。

ネロは皇帝だったから、自分の宮廷に医者を侍《はべ》らすことができた。私たちは皇帝ではないが、近所に医者がいる。ネロは毎日吐いたが、私たちは二、三ヶ月に一回の割合で吐く。私たちはひどい食事をとり、あらゆるものを溜め込んでいる。すると医者が浄化してくれ、私たちはまたひどい食事を食べ始める。ネロは賢かった──毎日浄化する手筈をしたのだ。私たちは二、三ヶ月に一回だけだ。皇帝だったら、私たちも同じことをしただろう。でも私たちは、どうすることもできない。私たちにはそれだけの設備がないから、それは無理だ。私たちはネロを笑うが、ある意味でネロと変わらない。

食べ物に対する私たちの間違った態度は、危険なものになりつつある。それは、とても高くつくことになるだろう。それは私たちを、何とかかろうじて生きている地点に連れていってしまった。私たちの食事は、健康を生み出すのではなく、病気を生み出しているように思える。食事が私たちを病気にしているとは、驚くべき状況だ。それはまるで、朝日が昇って暗闇が生まれるようなものだ──これもまた、驚くべき奇妙な出来事だ。しかし世界中のすべての医者が、病気の多くは間違った食事のせいだという見解を持っている。

そこで第一点――ひとりひとりが、食べることについて充分に気づき、意識的であること。そして私は、特に瞑想者に対してこう言っている。何を食べるか、どれだけ食べるか、それが身体にどんな影響を及ぼすか――常にこうした気づきを持つことは、瞑想者には欠かせない。意識的に数ヶ月実験したら、どれが自分にふさわしい食べ物か、どの食べ物が静けさや、安らぎや、健康をもたらしてくれるかが、きっとわかるだろう。実際には難しいことではないのに、食事にまったく注意を払わないから、あなたは正しい食べ物を見つけられない。

食事についての第二点は、食べるときのマインドの状態は、何を食べるかよりもはるかに大切であるということだ。楽しみ喜びながら食べるか、悲しみや心配事を抱えて食べるかによって、食べ物はあなたに異なる影響を及ぼす。

心配事を抱えながら食べていると、最良の食事でさえ有毒な影響を及ぼす。そして楽しみながら食べていると、毒でさえまったく影響を及ぼせないことがある――これは、おおいにあり得ることだ。つまり、重要なのは食事中のマインドの状態だ。

ロシアに、パブロフという名の優れた心理学者がいた。彼は動物にいくつかの実験を行ない、驚くべき結論に到達した。彼は、ネコとイヌの両方を対象に実験を行なった。彼はネコに食事を与え、食後にネコの胃で起こることをレントゲンで観察した。食べ物が胃に入ると、胃はすぐに消化液を分泌した。それと同時に、ネコのいる部屋の窓に、イヌが連れてこられた。イヌが吠えると、ネコは怯えた。すると、ネコの消化液の分泌が止まってしまったのが、レントゲン検査でわかった。胃は閉じ、収縮してしまった。その後、イヌは連れ去られたが、ネコの胃は六時間も同じ状態だった。食べ物を消化するプロセスは再開されず、食べ物は消化されぬまま、六時間胃のなかに残っていたのだ。六時間後、消化液が再び分泌し始めたときには、食べ物は消化できる状態になかった。それは固形物になり、消化するのが困難になってしまった。イヌがいることでネコのマインドに不安が広がると、胃のはたらきは止まってしまったのだった。

では、あなたの状況はどうだろう？　あなたは一日二十四時間、悩みながら暮らしている。あなたの食べる食事がどうやって消化され、あなたの知らぬ間に存在がいかにそれを司《つかさど》っているか――それは奇跡だ！　あなたは消化したいと思っていない。それがどのように消化されるか――それはまったくの奇跡だ。そして、あなたがいかに命を保っているのかも奇跡だ！　マインドは、優雅で至福に満ちた状態でないといけない。

しかし、あなたの家の食卓は暗澹《あんたん》たるありさまだ。妻は夫が帰ってきて食事をするのを一日中待っている。そして妻は、ちょうど夫が食事をしているときに、自分が二十四時間抱えてきた感情的な嘔吐をすべて吐き出す。妻は、自分のしていることが敵の仕打ちであることに気づいていない。自分の夫の皿に、毒を出していることに気づいていない。

一日の仕事のあと、夫も恐れ危惧している――彼は、何とか食べ物を胃に放り込んで立ち去る。

この、そそくさと終えて逃げ去った行為が、祈りの行為になるはずだったことを彼は知らない。それは性急に行なうべき行為ではなかった。寺院に入るように、祈りに跪《ひざまず》くように、座ってヴィーナを奏でるように、恋人に歌を歌うように行なうべきだった。この行為は、とりわけ重要だ。自分の身体に食べ物を与えているのだ。それは、途方もない至福に満ちた状態で行なうべきだ。それは、愛と祈りに満ちた行為であるべきだ。

食事をするときに、もっと喜び楽しみ、もっとリラックスでき、悩まないでいられたら、その食べ物は正しい食べ物になっていくだろう。

暴力的な食事とは、非菜食をすることだけを意味するのではない。怒りながら食べるのもまた、暴力的な食事だ。このふたつは両方とも暴力的だ。怒り、苦しみ、悩みながら食べているうちは、暴力的に食べているということだ。怒りや悩みのせいで自分自身の肉が内側で燃え盛っているときと、何かの肉を食べているときは、同じように暴力的だ――彼はそのことにまったく気づいていない。そのときも、暴力はそこに存在している。すると、食べている物も非暴力にはなり得ない。

正しい食事のもうひとつの側面は、この上なく穏やかに、喜びに満ちた状態で食べることだ。そのような状態にないなら、そうなるまで待ち、しばらく食べない方がいい。マインドの用意が完全に調ったら、そのときはじめて食事をとる。マインドの準備が調うまで、どのくらい時間がかかるだろう？　充分に気づいて待つなら、マインドが乱れ続けるのは、せいぜい一日だけだろう。それでもあなたは面倒くさがって、耳を傾けたことがない。あなたは、食事をとることを完全に機械的なプロセスにしてしまった。身体に食べ物を詰め込み、食卓を離れる——もはやそれは心理的な営みではなく、しかも危険だ。

身体のレベルでは、健康的で、刺激がなく、暴力的でない正しい食事をすべきだ。心理的なレベルでは、マインドは至福に満ちた状態にあり、ゆったりとして喜びに満ちているべきだ。そして魂のレベルでは、感謝の念や、ありがたく思う心があるべきだ。この三つがそろえば、正しい食事となる。

こんなふうに感じるといい。「今日、食事を得ることができて私は感謝している。もう一日、生きる日を与えられて、私は途方もなく感謝している。今朝、私は再び生き生きとして目覚めた。今日、太陽は私に再び光を与えてくれた。今日、私は月をもう一度見ることができるだろう。私は今日も生きている！　今日、私が生きているとはかぎらなかった。今日は墓に入っていたかもしれない——でも、再び私に命が与えられている。それは私が得たのではなく、無償で私に与えられたものなのだ」。それには、少なくともあなたのハートに、ありがたく思う心や、感謝の念がないといけない。あなたは食事をとり、水を飲み、息をしている——こうしたすべてに感謝の心を持つことだ。生きとし生けるものすべてに、全世界に、全宇宙に、森羅万象に、神性に——感謝の念を持つことだ。「私はもう一日、生きる日を受け取った。もう一度、食べる食事を受け取った。私はもう一日、太陽を、花々が咲きほこるのを見るだろう。私は今日も生きている」

死が訪れる二日前にラビンドラナートは言った、「主よ、なんとありがたいことでしょう！　お神よ、この感謝の気持ちをどう表しましょう？　私には受け取る価値もないのに、あなたはこの命を私に授けてくれました。私には呼吸をする権利もないのに、あなたは呼吸を授けてくれました。私に、美や至福の体験を授けてくれました。それは私が努力して得たものではありませんでした。私は感謝しています。あなたの恩寵に圧倒されています。そしてあなたが下さったこの生で、痛みや苦悩や悩みをいくらかでも受け取ったとしたら、それは私の落ち度に違いありません。なぜならあなたのこの生は、この上なく至福に満ちているのですから。きっと私の落ち度です。ですから、私を生から解放してくださいと願ったりはしません。私に価値があると思うなら、何度でも私をこの生に送ってください。あなたのこの生は、この上なく至福に満ちていて、私は心から感謝しています」

この心、この感謝の念が、生のあらゆる側面にあるといい――特にあなたの食事に関して。そのときはじめて、あなたの食事は正しい食事になるだろう。

第二点は、正しい労働だ。それもまた、もはやあなたの生の重要な一部を占めてはいない。肉体労働は、恥ずべき行為になってしまった。

西洋の思想家、アルバート・カミュは、手紙のひとつで冗談まじりに書いている――「自分の代わりに愛してくれと、召使に依頼する時代が来るだろう。恋に落ちたら、彼は召使に命じて、自分のために愛を交わしてきてくれと言うだろう」。いつか、こんなことが起こるかもしれない！　あなたはすでに、あらゆることを他人に委《ゆだ》ね始めている。まだ自分自身でやっているのは、愛することだけだ。あなたは人に命じて、自分のために祈らせている。聖職者を雇い、自分の代理で祈り、自分の代理で儀式を執り行なってくれと言っている。寺院の聖職者に命じて、自分の代理で礼拝してくれと言っている。あなたは、祈りや礼拝まで召使にやらせている。自分の代わりに召使たちに礼拝させているくらいなら、賢い人たちは、いつか自分の代理で恋人を愛してほしいと召使に命じることもあり得るだろう。何と手軽なことか。仕事をしてくれる召使を雇えない人は、自分がとても貧しく、自分で愛さなければいけないことを恥じるだろう。

いつか、そんなことも起こり得るだろう。というのも、生には重要なことがたくさんあるのに、いまでは召使にしてもらっているのだから！　重要なことから逃れたために失ってしまったものに、あなたは少しも気づいていない。失われたのは、生の力強さや活力のすべてだ。なぜなら人の身体や人の存在は、何らかの労働をするようにつくられているからだ——しかし、いまではそうした労働をすべて免れている。

正しい労働もまた、人の意識やエネルギーを目覚めさせるという点で、重要な位置を占めている。

ある朝、アブラハム・リンカーンは家で自分の靴を磨いていた。訪ねてきた友人のひとりが言った、「リンカーン！　何をしている？　自分の靴なんか磨いているのか？」

リンカーンは言った、「こいつは驚いた！　君は人の靴を磨くのかい？　私が磨いているのは自分の靴だ——君は他人の靴を磨くのか？」

友人は言った、「いや、いや。自分の靴は、人に磨いてもらっているさ！」

リンカーンは言った、「人の靴を磨くより、自分の靴を人に磨いてもらうほうが、ずっとよくないことだよ」


これはどういう意味だろう？　つまり私たちは、生との直接的な接触を失いつつあるということだ。生との直接的な接触は、労働を通してやって来る。


昔、孔子が生きていた約三千年前のことだ。彼は、とある村を訪れた。ある庭で、彼は年老いた庭師とその息子が、井戸から水を汲み上げているのを見た。老人にとって、井戸から水を汲み上げるのは、たとえ息子の手助けがあっても実に骨の折れることだ。しかもその老人は、とても年老いていた。

孔子は思った——いまでは井戸から水を汲み上げるのに牛や馬が使われていることを、この老人は知らないのではないか。老人は自力で汲み上げていた。何とも古くさいやり方だ！

そこで、孔子は老人のところに行って言った、「おい！　新しい発明を知らないのかね？　みな馬や牛の助けを借りて、水を汲み上げているのだよ。なぜ、自力でやっているのかね？」

その老人は言った、「声をひそめて静かに話してください。あなたのおっしゃることは私には何ともありませんが、息子に聞こえやしないか心配です」

孔子は尋ねた、「それはまた、どういうことだ？」

老人は答えた、「そういう発明は知っています。でも、そのような発明はどれも、人を肉体労働から引き離してしまうんです。私は息子に離れてほしくありません。肉体労働から離れてしまう日、彼は生そのものから離れてしまうのですから」

生と労働は同義語だ。生と労働には同じ意味がある。でもあなたは次第に、肉体労働をしなくてもよい人たちは幸運で、肉体労働をしなくてはならない人たちは不運だと考えるようになった。そして、ある意味でそうなっている。なぜなら、多くの人が労働をやめてしまったせいで、重労働をしなくてはならない人がいるからだ。重労働はあなたを殺すが、少なすぎる労働もまた、あなたを殺す。だから私は、正しい労働、肉体労働の適切な割り振りと言うのだ。それぞれの人が、何らかの肉体労働をするといい。もっと熱心に、もっと至福に満ち、もっと感謝に溢れて、自らの生に労働を組み込めば、生エネルギーが脳から臍の近くへ移動し始めるのがわかるだろう。労働には頭脳もハートも必要ない。労働のためのエネルギーは、臍から直接引き出される。そこがエネルギーの源だ。

正しい食事の他に、多少の肉体労働が是非とも必要だ。そしてそれは、他人の利益になることをせよ、ということではない――貧しい人のために奉仕すれば貧しい人の助けになり、村に行って畑仕事をすれば農夫の助けになり、何らかの労働をすれば立派な社会奉仕をすることになる――これらはすべて偽りだ。労働はあなた自身のためであり、他人のためではない。他人のために慈善を行なうこととは無関係だ。他の誰かが恩恵を受けることもあるだろうが、それは第一にあなた自身のためなのだ。

チャーチルが引退して、私の友人のひとりが彼の自宅に面会に行った。年老いてからというもの、チャーチルは庭に穴を掘り、植物を植えていた。私の友人は、政治に関していくつか質問をした。チャーチルは言った、「やめてくれ！　もう終わったんだ。いま私に尋ねたいことがあるなら、ふたつのことにしてくれ。聖書についてなら尋ねてもいい。家で読んでいるからね。そして庭仕事のことなら尋ねてもいい。この庭でやっているからね。もう政治に関心はない。あの時代は終わった。いまは働いて祈るばかりだ」

私の友人は戻ってくると言った、「チャーチルがいったいどんな人間なのか、僕にはわからんよ。私の質問に答えてくれると思ったが、彼は働いて祈るだけだと言うんだ」

私は彼に言った、「『働いて祈る』と言うのは繰り返しさ。労働と祈りは、同じことを意味している。それは同義語だ。労働が祈りとなり、祈りが労働となる日、正しい労働に到達するのだ」

多少の肉体労働は是非とも必要だが、あなたはそれに注意を払ってこなかった。インドの伝統的なサニヤシンでさえ、注意を払ってこなかった。彼らは労働から退いた。彼らが労働することは考えられない。彼らは、あっさりと別の方向へ進んでしまった。裕福な者たちが肉体労働をやめてしまったのは、人に働いてもらっても支払う金があるからだ。サニヤシンが肉体労働をやめてしまったのは、もはや世間との関わりがなくなったからだ。彼らは何かをつくり出す必要もなく、金を稼ぐ必要もなかった。だとしたら、何のために働く必要があるだろう？　その結果、敬《うやま》われるふたつの社会階級が、労働から遠ざかった。手に職を持つ人びとは、次第に蔑《さげす》まれていった。


探求者にとって、肉体労働はとても重要で役に立つ――そこから何かを生み出すからではなく、何らかの労働に没頭することによって、意識がますます中心に定まり、意識がマインドから下の方へ向かい始めるからだ。その労働が生産的である必要はない。それは非生産的でもいいし、単純な運動でもいい。しかし何らかの肉体労働は、身体の軽快さ、マインドの完全な油断のなさ、実存の余すところなき目覚めのために不可欠だ。これが第二の要点だ。

だが、この点でも人は間違いを犯す。ほとんど食べないか、食べ過ぎるか――食事についてそんな間違いを犯すように、ここでも間違いが起こり得る。まったく運動しないか、運動し過ぎてしまうのだ。レスラーは過剰に運動する――彼らは病的だ。レスラーは健康的ではない。レスラーは身体に負荷をかけ過ぎ、身体に無理を強いている。身体に無理を強いれば、身体のどこか――筋肉がいくつか、さらに発達する。だが、長生きするレスラーは一人もいない！　健康的に死ぬレスラーは一人もいない。あなたは知っているだろうか？――ガーマにしろ、シャンドウにしろ、他の立派な体躯の持ち主にしろ、世界チャンピオンにしろ、レスラーはみな不健康な死に方をすることを。彼らは若くして死に、変死を遂げる。身体に無理を強いれば、筋肉は発達し、身体の見栄えは良くなり、誇示する値打ちが出るものだ。だが誇示することと生は、大きく異なる。生きること、そして健康であることと、見せたがり屋であることには、大きな違いがある。

より健康的で溌剌《はつらつ》と生きるには、どれだけ肉体労働をするべきか、ひとりひとりが自分自身に応じて、自分の身体に応じて見つけるといい。身体のなかに新鮮な空気が多ければ多いほど、ひとつひとつの呼吸が至福に満ちていればいるほど、内なる世界を探検する活力《バイタリティ》をさらに手にするだろう。フランスの哲学者シモーヌ・ヴェイユは、その自伝で実にすばらしいことを書いている。彼女は言った、「三十歳まで、私は常に病気がちだった。不健康で、頭痛持ちだった。四十歳になってやっと、私は自分が三十歳まで物質主義者だったことに気づいた。より精神的になって、私は健康になった。病気で不健康だったのは、自分の物質主義的な考えに関係していたことが、後年ようやくわかったのだ」

病的で不健康な人は、存在に対して感謝に満ちていることができない。彼には存在に対する感謝の念がない。あるのは怒りばかりだ。そのような、存在に対する怒りに満ちている人にとって、存在から何かを受け容れることは不可能だ。彼はただ拒絶する。正しい労働や正しい運動を通して、生に一定の健康のバランスがとれていないなら、生に対して拒絶や抵抗や怒りを感じるのも当然だ。

正しい労働は、究極の宗教性に至る梯子の重要な一段だ。

第三の要点は、正しい睡眠だ。食事は乱れ、肉体労働も崩壊してしまった——そして、睡眠は完全に台無しになっている！ 人間の文明の発展のなかで、もっとも害を受けたのが睡眠だ。人工的な明かりを発見した日から、眠りはおおいに妨げられてしまった。そして、ちょっとした便利な機械がどんどん手に入るようになるにつれ、人は睡眠を不要なもの——多くの時間が無駄になっており、眠っている時間はまったく無駄だと思うようになった。睡眠は短ければ短いほどいい。睡眠が生のより深いプロセスに何らかの寄与をしていることなど、人は思いもよらない。睡眠に費やされる時間は無駄だから、睡眠は短いほどいい、睡眠時間は切り詰めるほどいい、と考えている人たちもいる。

必要な睡眠時間を減らしたいと望む人がひとつのタイプ。もうひとつのタイプは、僧侶や隠遁者たちだ。この眠り——眠りというかたちをとった無意識は、悟りや覚醒の境地とは正反対だと彼らは考える。つまり彼らによると、眠るのは良くないことで、眠りは少ないほど良い。

僧侶には、もうひとつ問題があった。彼らは、無意識のなかにあまりにも多くの抑圧を溜め込んだため、そうした抑圧が睡眠中にすべて浮上し、夢のなかに入ってきたのだ。だから、眠ることに一種の恐れが生まれた。昼のあいだ無視してきたことが、夜の眠りのなかで、すべて浮上し始めた。自分は女性をあとに残し、森へ逃げ込んだが、その女性が眠りのなかに現われるようになった。こうした僧侶は、夢のなかで彼女たちに会い始める。僧侶たちの避けてきた金や地位が、夢のなかで彼らについて来る。だから彼らは、眠りは非常に危険だと思った——眠りは自分でコントロールできない。したがって、あまり眠らない方がいいわけだ。こうした僧侶たちは、眠りは精神的《スピリチュアル》でないという一種の風潮を世界中に生み出した。これはまったく馬鹿げた考えだ。

さて、最初の人たちは睡眠に反対し、睡眠は時間の無駄であり、長く眠る必要はないと思っている——起きている時間は、長ければ長いほど良い。

すべてにおいて計算し、すべてにおいて統計をとる人びとは、まったくどうかしている。八時間眠るとしたら、一日の三分の一は眠ることに費やされ、六十年生きるとしたら、二十年間が無駄になる——と彼らは計算する。六十年の寿命のうち、使えるのは四十年しかない。そして彼らはさらに計算する——食べるのにどれだけ時間を使うか、服を着るのに、髭をそるのに、風呂に入るのに……などなど。すべてを計算し尽くして、彼らは断言する——私たちの生涯は、ほとんど無駄に費やされると。それらの時間をひとつ残らず差し引き始めて、彼らは気づいた。人は六十年生きるように見えるだけで、実際は二十年間眠り、何年間かは食べ、何年間かは風呂に入り、何年間かは新聞を読んでいる。すべては無駄に費やされ、人生には何も残らない。こうした人たちは、パニックを生み出した。彼らのアドバイスはこうだ——生きる時間をいくらかでも手にしたいなら、これらを切り捨てること。生涯でもっとも時間を費やすのは睡眠だから、それを減らすこと。こうした人たちが睡眠を減らすことを奨励し、睡眠に反対する風潮を生み出していた一方で、第二の人たち——僧侶や隠遁者たちは、眠りは精神的でないと言い、できるだけ眠らないようにと人びとに説いていた。眠りが少なければ少ないほど、気高い人物だ——そして、まったく眠らないなら、非の打ち所なく気高い人物だ。

このふたつのグループの人たちと、その考えは、人の眠る能力を損ねてしまった。そして眠りが台無しになることによって、生の深いセンターは揺らぎ、阻害され、根を断たれてしまった。人間の生に入り込んできた、あらゆる病や不調の背後にある原因は、睡眠不足だ。私たちはそれに気づいてすらいない。

正しく眠れない人は、正しく生きることができない。睡眠は時間の無駄ではない。八時間の睡眠は、無駄になってはいない。むしろ十六時間起きていられるのは、その八時間のおかげだ。さもなければ、それだけ起きてはいられない。その八時間のあいだに生エネルギーが蓄積され、生は再び活力を帯びる。脳とハートのセンターは落ち着きを取り戻し、生は臍のセンターから機能する。その八時間の睡眠のあいだに、あなたは再び自然や存在とひとつになる——だから再び活力を得るのだ。

人を拷問にかけたいなら、いちばんいい方法は眠らせないことだ――これは数千年も前から考案されていた。これまで、この方法を改良できたことはない。先の戦争中のドイツで、そしてロシアではいまだに、囚人を拷問にかけるのにもっともよく用いられる方法は眠らせないことだ。ただ、眠らせない。これは人のあらゆる限界を越える拷問だ。囚人の隣には、眠りを妨げるために看守が配置されていた。

この方法を最初に発見したのは、およそ二千年前の中国人だ。ただ人を眠らせないだけとは、実に安上がりな拷問の手段だ。彼らは、非常に狭くてまったく身動きがとれず、座ることも横たわることもできないような独房に人を立たせた。そして彼の頭に落ちるように、上の方から水を一滴ずつ落とす。彼はまったく身動きがとれない、座ることも横たわることもできない。そして十二時間、十六時間、長くても十八時間たつと、彼は叫び、絶叫し始める――「助けてくれ！　俺は死んでしまう！　ここから出してくれ！」。そして彼は、隠していた事柄を白状させられる。三日もたてば、もっとも勇敢な人物でさえ降参する。

ドイツのヒットラー、ロシアのスターリンは、何百万人もの人びとに同じことをした――彼らをずっと起こし、眠らせなかった。これよりひどい拷問は体験できない。たとえ殺されても、眠らせてもらえないほど苦しくはないだろう。なぜなら、失ったものを再び得るのは、睡眠のなかしかないからだ。もし眠れないとしたら、生エネルギーを再生できぬまま失い続ける。人は完全に枯渇してしまうだろう。私たちは枯渇した人類だ。なぜなら、何かを受け取る扉は閉じ、すべてを失う扉はますます大きく開いているのだから。

生活に睡眠が戻ってくる必要がある。実際、人類の心の健康のために他の選択肢はないし、他の方法もない。向こう百年か二百年のあいだ、睡眠を法律で義務づけるといい！　瞑想者は、適度に、充分に眠るよう心がけることが大切だ。

それから、もうひとつ理解すべきことがある。正しい睡眠は人によって異なる。誰もが同じではない。なぜなら、年齢やその他のさまざまな不確定要素によって、身体の要求は人それぞれ異なるからだ。

たとえば母親の子宮にいるとき、子供は一日二十四時間眠っている。それは、あらゆる組織が成長しているからだ。子供には熟睡が必要だ。一日二十四時間、眠り続けてこそ、子供の身体は成長する。足が不自由だったり、あるいは肢体が不自由だったり、あるいは盲目で生まれてくる子供は、母親の子宮に九ヶ月いたあいだに目を覚ました可能性がある。どういうわけか母親の子宮のなかで目を覚ました子供は、肢体不自由で生まれるか、身体の一部が未発達のまま生まれる――おそらくいつの日か、科学はこのことを認識するだろう。

一日二十四時間、子宮のなかで眠り続ける必要があるのは、全身がつくられ、全身が成長しているからだ。とても深い眠りが必要だ。そうしてはじめて、身体のあらゆる活動が始まる。生まれると、子供は一日二十四時間眠る——子供の身体は、まだ成長している。それから十八時間眠るようになり、それから十四時間眠るようになる……。身体が成熟していくにつれ、徐々に睡眠も少なくなっていく。最終的には、六時間から八時間のあいだに落ち着く。

老人の睡眠時間は短い——五時間、四時間、あるいは三時間にすらなる。それは老人の身体の成長が止まっているからだ。毎日長く眠る必要はない——いまや死が近づきつつある。老人が子供と同じだけ眠るとしたら、彼は死ぬことができない。死は困難だろう。死はますます眠りを必要としなくなり、生は深い眠りを必要とする。だから老人は少しずつ眠る時間が短くなり、子供はたくさん眠るのだ。

老人が子供に、自分と同じ行動を要求し始めたら、それは危険なことになるだろう。ときとして老人はこんなことをする——子供のことを、まるで彼らも年老いているかのように扱うのだ。彼らは子供を朝早すぎる時間に起こす。「三時だぞ、四時だぞ！　起きなさい！」。四時に起きても大丈夫なのは、自分が年老いているからであることに、老人たちは気づいていない。だが、子供は四時には起きられない。子供を起こすのは間違いだ。それは子供の身体の機能に害を及ぼす。とても有害だ。

あるとき子供が私に言ったことがあった、「ぼくの母さんは、すごく変なんだ。夜ぜんぜん眠くないときにぼくを寝かせようとして、朝眠いときに起こそうとする。どうして眠くないのに寝かされて、眠いのに起こされるのか、ぼくにはわからないよ。あなたは大勢の人にいろんなことを説明しているから、このことを母さんに説明してくれないかな?」。とても矛盾した振る舞いをしていることを、彼女が理解するのを助けてほしい――彼は私にそう望んでいた。

子供たちがしばしば老人のように扱われていることに、私たちは気づいていない。また成長するにつれ、彼らが本に書かれたさまざまな融通のきかない規則に従って生活し始めなくてはならないことに、私たちは気づいていない。

あなたはおそらく気づいていないだろう――最近の調査によると、すべての人が起床すべき、決まった時間はあり得ないそうだ。以前から、朝は五時に起きるといいと言われてきたが、これは完全に誤りであり、科学的でない。それはすべての人にとって適切とは限らない。ある人には適切だろうが、他の人には害になる。二十四時間のうち約三時間は、どの人も体温が低下するが、その三時間はもっとも深い眠りの時間だ。その三時間のあいだに人を起こしたら、彼の一日は台無しになり、彼の全エネルギーは乱されるだろう。

この三時間は、一般的に朝の二時から五時のあいだだ。ほとんどの人にとって、この三時間は朝の二時から五時だが、すべての人がそうとはかぎらない。体温が六時まで低い人もいる。七時まで体温が低い人もいるし、四時から平熱になり始める人もいる。体温が低い三時間のあいだに起きると、一日二十四時間が台無しになり、有害な影響があるだろう。起きる時間は、平熱になり始めるときに限る。

普通は、日の出とともに起きることが、すべての人に合っている。それは太陽が昇るにつれ、体温も上がり始めるからだ。でも、これはルールではなくて、いくつか例外がある。日の出の少しあとまで眠る必要のある人もいる。体温は、人によって異なる時間と異なるペースで上昇するからだ。だから、睡眠時間はどれだけ必要か、健康的な起床時間はいつかを、一人一人が見つけるといい。それがその人のルールだ。聖典が何と言おうと、導師《グル》が何と言おうと、耳を傾ける必要はいっさいない。

正しい睡眠に関しては、より深く長く眠れるほどいい。ただし、私が言っているのは眠ることだ。ベッドに横たわったままでいることではない。ベッドに横になることは睡眠ではない。

自分にとって健康的な目覚めの時刻に起床することを、あなたのルールにするといい。たいてい、それは日の出とともに起こる。だが、そうならないこともあり得る。恐れたり、心配したり、自分は罪人だと思ったり、自分は地獄行きではないかと恐れたりする必要はない。朝早く起きる人だって大勢地獄に行き、朝遅くに起きる人だって大勢天国で暮らしている！　天国も地獄も、霊的であるなしにはまったく関係ない——でも正しい睡眠は、確かにそれと関係がある。

だから、一人一人が自分にとって最良の取り決めを見つけることだ。三ヶ月のあいだ、みな自分の仕事と睡眠と食事について実験し、もっとも健康的で、もっとも安らぎ、もっとも至福に満ちたルールを見つけるといい。

そして、誰もが自分自身のルールをつくること。似た人は一人としていないし、共通のルールが全員に当てはまることもない。共通のルールを当てはめようものなら、必ず悪影響が及ぶ。どの人も個性があり、どの人もユニークで、比較はできない。その人らしさはその人だけのもので、地球のどこにも似た人はいない。だから、自分自身の生の流れ《プロセス》がどんなものかを見つけるまで、自分のルールはあり得ない。

本や聖典や導師が危険なのは、既成の方式を持っているからだ。彼らはあなたに言う――決まった時間に起きなさい、これを食べなさい、あれは食べてはいけない、このように眠りなさい、物事はこのように行ないなさいと。こうした既成の方式は危険だ。それを理解するのは良いことだが、ひとりひとりが自分の生のために、自分自身の取り決めをすることが肝心だ。

一人一人が、自分自身の瞑想の道を見出す必要がある。どの人も一人で歩き、自分の霊的な旅の道を切り開くことだ。あなたが進み、歩み始めるための既成の街道はない――そのような街道はどこにもない。霊的な旅の道は、細い小道のようだ。しかも、小道は存在すらしない！　あなたは歩みながら道を切り開く。そして、あなたがどれほど長い道を歩もうとも、それは続く。歩めば歩むほど、まだ訪れぬ旅に対する理解は深まるだろう。

さあ、この三つの要点を心《マインド》にとめておくこと――正しい食事、正しい労働、正しい睡眠だ。この三つの要点に沿って生が正しく進むなら、私が臍のセンターと呼ぶものが開く可能性は高まる――それは霊的な生への扉だ。その扉に近づいたら、それは開く。すると、実にたぐいまれな出来事が起こる――普通の生活では体験したこともないことが。

昨晩、私がここを立ち去るときに、ひとりの友人がやってきて、「あなたのおっしゃることはもっともですが、充足を得るまでは確信しがたいです」と言った。私は彼に何も言わなかった。おそらく彼は、私の話から充足を得られると思っていたのだろう――だが、彼は完全に間違っているし、自分の時間を無駄にしている。私は私の側から必要なかぎりの努力をするが、さらなる努力があなたの側から必要なのだ。あなたが努力をしないことには、私の話には何の目的も、何の意味もない。

安らぎがほしい、至福がほしい、魂がほしいと、いつも人びとは私に言う。そう、あなたはあらゆるものを欲しがる。しかし欲しがるだけでは、世の中では何ひとつ得られない。願望だけでは何ひとつできない。そこには力強さがない。

願望だけでは不充分だ。決意と努力も必要なのだ。何かを欲するのは結構だが、あなたはその願望に対して、どれほどの努力をするだろう？　その願望に向けて、何歩前進するだろう？　その願望に対して何をするだろう？

私の基準によると、それを満たすために行なった努力こそ、願望の唯一の証《あかし》だ。さもなければ、あなたが願望を抱いた証拠はない。何かを欲したら、人はそれを得る努力をするものだ。その努力が、何かを欲した証になる。欲しいけれども、それを得る努力をするつもりはない、とあなたは言う。あなたには、それに向けた決意がない。

この話を終えるにあたって、もうひとつの要点を繰り返そう。私は三つのセンターについて話をした――理性のセンターはマインド、感情のセンターはハートだ。では、臍は何のセンターだろう？　臍は意志力のセンターだ。臍が活性化すればするほど、意志力は強固になり、あなたは事を行なう決意や力や生エネルギーをさらに手にするようになる。

あるいは、逆に考えるといい。決意が堅くなればなるほど、物事を実行するエネルギーは増し、臍のセンターは成長する。このふたつは互いに依存しており、互いに関係している。考えれば考えるほど理性は成長し、愛すれば愛するほどハートは成長する。決意が固くなればなるほど、内なるエネルギーのセンター――臍の中心の蓮は成長する。

ちょっとした物語を話してから、私の話を終えよう。

盲目の行者《ファキール》が町で托鉢をし、あるモスクにやって来た。彼はモスクの扉の前で手を差し出し、「何か食べる物をいただけますか？　お腹が空いています」と頼んだ。

通りかかった人びとは言った、「馬鹿だな！　ここは食べ物をもらえる家じゃない。ここはモスク、寺院だ。ここには誰も住んでいない。あんたはモスクで托鉢をしている――ここでは何ももらえないよ。どこか別のところへ行くんだな」

ファキールは笑って言った、「神の家から何ももらえないとしたら、他の家から何がもらえるだろう？　ここは私がやって来た最後の家だ。そして間違えたことに、最後の家は寺院だ。どうしてここを立ち去れるだろう？　去るとしても、どこへ行くというのだろう？　このあとに家はない。だから、いま私はここにいるつもりだ。何かをいただいたら、そのときはじめて立ち去ろう」

人びとは彼のことを笑い始めて言った、「馬鹿だな！　ここには誰も住んじゃいない。誰があんたに物をくれるのさ？」

彼は答えた、「それは問題ではない。空っぽの手で神の家を去らねばならぬなら、私の手はどこで満たされるだろう？　だとしたら、私の手はどこでも満たされない。さあ、私はこの扉に偶然巡り会った。私の手が満たされたら、そのときはじめて立ち去ろう」

そして、ファキールはそこに留まった。一年間、彼は手を同じように差し出し続けた。そして彼の実存は、同じように渇望し続けた。町の人びとは、彼のことを気違いと言い始めた。人びとは彼に言った、「あんたはまったく大馬鹿だよ！　どこに座って手を差し出していると思っているのさ？　ここでは何ももらえないよ」

しかし、そのファキールは少々風変わりな人物のようだった――彼は座って、座って、座り続けた。

一年が過ぎ去り、ひょっとするとあのファキールは何かを達成したのかもしれない、と町の人びとは思った。彼の顔のまわりのオーラが変化していた。一種おだやかなそよ風が、彼のまわりを漂っていた。ある種の光、芳香が彼のまわりに現われていた。その男は踊り出した。以前は目に涙を浮かべていたが、いまでは彼の顔に微笑みが浮かんでいた。彼はほとんど死にかかっていたが、この一年で彼の命は再び開花し、彼は踊り始めた。

「何かを達成したのですか?」と人びとは尋ねた。

彼は言った、「何かを得ないでいることは不可能だろう。何かを得よう、さもなくば死のうと決意していたのだから。私は、自分が望んだ以上に達成した。私は、身体のための食べ物しか望んでいなかったが、魂のための食べ物までいただいた。この身の餓えを満たしたいだけだったが、いまや魂の餓えまでも満たされたのだ」

人びとは質問し始めた、「どうやって達成したのです? どうやって得たのです?」

彼は言った、「私は何もしなかった。だが、渇きの背後に意志力のすべてを込めたのだ。私は自分に言い聞かせた——渇きがあるなら、それと共に全身全霊をかけた決意もあるはずだと。私の渇きの背後には、全身全霊をかけた決意があった。そしていま、渇きは癒された。私は、その水のある場所に辿り着いた。それを飲んだのち、渇きは消え去ったのだ」

決意の意味とは、何であれ自分の望むことを実行する勇気や、芯の強さや、意志力を持つこと、自分が正しいと思うことに従って行動すること、自分にとって正しいと思える道に従うことだ。この決意がないのなら、私の言葉によっても、他の人の言葉によっても、何ひとつ起こらない。私の言葉によって何かが起こるのなら、物事はとてもたやすい。世の中には、とてもいいことを言う人たちが大勢いた。彼らの言葉だけで物事が起こるのなら、これまで全世界であらゆることが起こっていただろう。だが、マハヴィーラも、仏陀も、キリストも、クリシュナも、モハメッドも、何ひとつできなかった。あなた自身に用意がなければ、どんな人も何もできない。

ガンジス川は流れ続け、大海は満ちている――でも、あなたは手にバケツを持たず、水が欲しいと叫んでいる。

「水はあるよ、でもあなたの入れ物はどこかな?」とガンジス川が言うと、あなたは言う、「入れ物のことは言わないでくれ。君はガンジス川だろ。君には水がたくさんある。いくらか私に分けてくれよ」

ガンジス川への扉は閉ざされていない。ガンジス川への扉は開いている。だが、あなたには入れ物が必要だ。

霊的な旅において決意という入れ物がなければ、満足も充足も決して達成されることはない。

あなたたちは私の話をとても静かに聞いてきた……。

初日の三つの集いも、もはや終わろうとしている。明日からは別のふたつの要点について話を始めよう。では、この集いのあとで約十分間、座って夜の瞑想を行なう。
夜の瞑想に関して二、三、理解しておくといい。それから座ろう。横たわることはできるかな？瞑想者諸君が横たわる、充分なスペースはあるだろうか？　まず理解してから、夜の瞑想を行なうことにしよう。朝の瞑想は座って行なう。朝は生命が起き上がり、目覚めるから、座って瞑想するといい。夜の瞑想は、眠る前にベッドに横たわって行なう。瞑想のあとは、ただ静かに眠りにつく。これが一日の最後に行なうことだ。目覚めたあと最初に起こるのが朝の瞑想、眠る前の最後に起こるのが夜の瞑想だ。

眠る前に正しく瞑想の境地に入るなら、眠り全体が変容される。眠り全体が瞑想になり得る。なぜなら、眠りには一定のルールがあるからだ。第一のルールはこうだ――夜の最後の思考は睡眠中の主要な思考となり、朝目覚めるときの最初の思考となる。夜、怒りを抱えて眠りにつくと、あなたのマインドと夢は一晩中、怒りに満ちている。すると朝目覚めると、最初の感情、最初の思考が怒りであることに気づくだろう。夜、眠りとともに持ち込むことはすべて、一晩中自分のもとに留まる。
だから私は言うのだ――何かを眠りに持ち込む必要があるのなら、瞑想を持ち込むがいいと。そうすれば眠り全体は瞑想を中心に回り、瞑想の安らぎを中心に回る。二、三日のうちに、徐々に夢が消え、眠りが深い川のようになることに気づくだろう。そして朝、深い眠りから目覚めると――

この、夜の瞑想の深みから目覚めると、あなたの最初の思考は安らぎであり、至福であり、愛であるだろう。つまり、朝の旅は朝の瞑想で始め、夜の旅は夜の瞑想で始めるといい。

夜の瞑想は横たわりながら——ベッドに横たわりながら行なう。私たちは、ここで横たわって実験をしよう。

そして、横たわったら三つのことをする。まず、身体を完全にリラックスさせること。まるで命がないかのように——すっかり緩ませ、リラックスさせる——身体に命がないかのように。そして、身体がリラックスしていく、もっとリラックスし、もっとリラックスすると、三分間マインドで感じる。というのも、身体はマインドで感じることに従うからだ。身体は召使、従者にすぎない。身体は、私たちの感じることすべてを行動で表現する。怒りを感じれば石を拾い上げて投げ、愛を感じれば人を抱きしめる。どんなふうになりたくても、どんなことをしたくても、マインドに思考が生まれると、身体はそれを行動に移す。

思考が生まれるたびに、それを行動に変容させる身体の驚異——私たちは日々それを目の当たりにしている。私たちは、リラックスしようと考えたことがない。さもなければ、身体だってリラックスするだろう。身体がリラックスするあまり、身体が存在するか否かもわからない——だがそれは、しばらくこの実験を行なってはじめて起こることだ。三分間、リラックスしたと感じ続けなさい。

ちょうどいま、あなたがその感覚を体験するよう、私はいくつか暗示をしてあげよう。身体がリラックスしていくと暗示を与えたら、あなたはさらにリラックスし、ますますリラックスしていくのを感じるだろう……。身体はリラックスする。

身体がリラックスするにつれ、呼吸は穏やかになる。穏やかと言っても呼吸が止まるわけではないが、呼吸はゆったりとし、静かになり、深くなる。そこで三分間、呼吸がどんどん穏やかになる、呼吸がリラックスする……と感じる。すると次第に、マインドもリラックスし、静まるだろう。身体がリラックスすると呼吸が穏やかになり、呼吸が穏やかになるとマインドは自動的に沈黙する――この三つはどれも関連している。


要するに、まず身体がリラックスしたと感じる――それによって、呼吸は穏やかになる。次に呼吸がリラックスしたと感じる――するとマインドが沈黙する。

そうしたら、私は第三の暗示を与える――いま、あなたのマインドは沈黙し、空っぽになっているると。このように、短いあいだ三つの暗示それぞれに従ったあと、私は「さあ、マインドは完全に沈黙した」と言う。そうしたら十分間、静かに横になる――今朝、静かに座っていたのと同じように。

あなたは鳥のさえずりを聞くだろう、イヌの鳴き声、その他さまざまな音を聞くだろう――ただ静かに耳を傾け続けなさい。まるで空っぽの部屋があり、音が入ってきて反響し、消えていくかのようだ。なぜ自分はこの音を聞いているのかと考える必要はない。なぜイヌは吠えているのかと考える必要もない。あなたはイヌと関係ないのだから。いまは瞑想中なのに、なぜイヌが吠えているのか、この愚かなイヌがなぜ自分の邪魔をしているのかと考える理由はない。そう、あなたとイヌは無関係だ。イヌはあなたが瞑想していることなど、まったく知らない。イヌは何も知らず、まったく無垢で、自分の仕事をしているだけだ。あなたには関係ない。イヌはただ吠えている。イヌには吠えさせておけばいい。あなたがそれを邪魔にしなければ、あなたの邪魔になることはない。それが邪魔になるのは、あなたが抵抗し、イヌが吠えるのをやめさせたいと思う場合だけだ――そこで問題が始まる。イヌが吠えている――吠えても構わない。私たちは瞑想をしている――瞑想をして構わない。このふたつのあいだに衝突はないし、対立はない。あなたは沈黙している――イヌの鳴き声がやって来て残り、消えていく。それは、あなたの邪魔ではない。

かつて私は、小さな村の宿に泊まっていたことがあった。ある政治指導者もまた、私と共に泊まっていた。その晩、どうしたことか、宿の近くに村中のイヌが集まって吠え始めた。この政治家はとても迷惑に思った。彼は起き上がると、私の部屋にやって来て尋ねた、「君は寝たかね？　まったく困ったことだ。あのイヌどもを二回追い払ったが、戻ってくるばかりなんだ」

私は言った、「追い払えば、必ず戻ってくるものですよ。追い払おうとするのは間違いです。追い払われた者はみな、何か必要とされているのだと思いますからね。自分は重要だから追い払われると考えるわけです。それに、イヌたちは哀れなイヌにすぎません。自分たちは何か必要とされている、あなたにとって自分たちは重要だ、と思っているに違いありません。だから戻ってきたんですよ」

「それから、もうひとつ。政治指導者がここに泊まっていることも、自分たちがあなたに向かって吠えていることも、イヌたちは知りません。人間じゃありませんからね――もし人間がここに政治指導者がいると聞いたら、そのまわりに群がることでしょう。政治指導者が来るとまわりに群がるくらい、イヌが利口になったことは、これまでありませんよ。イヌたちは毎日ここにやって来るんです。自分が重要だからイヌたちがやって来るんだなんて、そんな馬鹿げた考えを心に抱かないことですね。イヌたちはそんなことはまったく知らないのです。それから、あなたの睡眠に関する問題ですが、イヌたちがあなたを寝かせないのではなく、あなたは自分で自分を寝かせないんですよ。あなたは、イヌは吠えるべきではないという無用な考えを持っています。あなたに何の権利があるんです？　イヌには吠える権利があり、あなたには眠る権利があります。それらに矛盾はありません。こうした物事は同時に起こり得ます。それらのあいだには、衝突もぶつかり合いもありません。イヌには吠え続けさせ、あなたは眠り続けることです。イヌたちは『あなたは寝ちゃいけない。あなたが眠ると、吠える邪魔になるんだから』と言えないし、あなたも『おまえたちは邪魔だ』とは言えないのです」

さらに私は彼に言った、「イヌたちが吠えているのをただ受け容れ、静かに耳を傾けることです。抵抗はやめなさい。イヌたちが吠えるのを受け容れるのです。すると受け容れた瞬間、イヌが吠える声も音楽的なリズムに変容します」

彼がいつ眠ったのか、私は知らない。しかし、朝目覚めると彼は私に言った、「何が起こったのかわからんが、とても驚いている。どうしようもなくなって、私はそれを受け容れた。最初のうち、君の考えはわからんと思っていたよ」――私の考えは、すぐにすべての人にわかるわけではなく、彼にもわからなかった。「だが、万事休すと思ったとき、他に方法はないと気づいたのだ――自分の眠りを台なしにするか、君の言うことを受け容れるか、どちらかだとね。選択肢は、ふたつだけだった。そして私は思った――自分はイヌに気を払いすぎた、今度は君の助言に気を払い、何が起こるか見てみようと。そして私は静かに横になり、耳を傾け、吠える声を受け容れた。その後は、いつ眠ったのかわからない。また、どれだけイヌたちが吠え続けていたのか、いつ静かになったのかもわからない。実によく眠ったよ」

だから抵抗してはいけない。何であれ、まわりにあるすべてに静かに耳を傾けなさい。この静かに耳を傾けることは、実に奇跡的な現象だ。この、生に対する抵抗のなさ、対立のなさこそ、瞑想へと進む鍵だ。

では、まずリラックスし、無抵抗の状態で静かに耳を傾けるとしよう。他の人たちがいるのを感じないようにするため、明かりを消す。イヌのことを忘れるのは簡単だが、自分のまわりにいる人たちのことを忘れるのはずっと難しいからね。

第四章 マインドを知る

KNOWING THE MIN

親愛なる人たちへ

人のマインドは病み、傷ついている。もはやそれは健全な中枢《センター》ではなく、不健全な病根となってしまった。そのため、あなたの関心はすべてマインドに集中している。おそらく考えたこともないだろうが、身体の一部が病気になると、すべての関心はそこに向くものなのだ。

そこに痛みがあってはじめて、あなたは脚に気づく。痛みがなければ、脚には少しも気づかない。手に傷があると、あなたは手に気づく。傷がなければ、まったく手に気づかない。何らかのかたちで、あなたのマインドは確かに病んでいる。なぜなら、あなたは他のことはそっちのけで、一日二十四時間、マインドばかり気にしているからだ。

健康であればあるほど、身体はあまり感じられないものだ。あなたが感じるのは、不健康になってしまった部分だけだ。身体のなかで、現在あなたが感じている唯一の部分は頭だ。あなたの意識は、そのまわりのみを巡っている——意識が知っているもの、認識しているものはそれだけだ。病んだ傷が、そこに現われている。この傷から自由にならないかぎり、こうしたマインドの極度の緊張や、不安な状態から自由にならないかぎり、生の中心へは向かえない。そこで今日は、この状態について、マインドについて、そしてそれをいかに変えるかについて話をしよう。

第一に、マインドというものの状態を、はっきり理解すること。一人きりで十分間座り、マインドによぎる思考を、正直に紙に書き留めてみる。すると、たとえ親友にであっても、その紙を見せたいとは思わないだろう。なぜなら思考はあまりにも気違いじみていて、自分にとっても他人にとっても、思いもよらない代物だからだ。あなたは脈絡のない、無意味で矛盾した思考に気づき、自分は気が変になってしまったと思うだろう。

マインドに浮かぶすべてを十分間のあいだ正直に書き留めるなら、あなたはそこで起こっていることにとても驚くだろう。自分は正気なのか、それとも気違いなのかと怪しむだろう。あなたはほんの十分間ですら、マインドを覗き込んで、そこで起こっていることを見ようとしない――あるいは深いところでは、そこで起こっていることにすでに気づいているから、覗き込まないのかもしれない。おそらく、あなたは恐れているのだ。

だから人びとは孤独を恐れ、一日二十四時間、仲間を探している――友達に会いたい、クラブなどに行きたいと思っている。誰も見つからないと、新聞を読んだり、ラジオを聞いたりする。一人になりたいと思う人は誰もいない。というのも一人になった瞬間に、自分の本当の状態を知り始めるからだ。

他者がいると、あなたはその人と関わることに巻き込まれ、自分自身に気づかない。他者を追い求めることは、自分自身から逃げる機会を追い求めることに他ならない。他者に興味を引かれる基本的な理由は、自分に対する恐れだ。そして、あなたは自分でもよく承知している——自分自身を隅々まで知ったら、自分は完全に狂っていることがわかると。この状況から逃げるために、人は仲間を求め、交際を求め、集団を求める。

人は独り在ること《アロンネス》を恐れる。独り在ることを恐れるのは、そのなかで自分の本当の姿に気づき、映し出される自分の顔に出くわすからだ。そして、それは実に怖くて恐ろしい。だから朝起きてから夜眠るまで、ありとあらゆる方法を駆使して自分自身から逃げるのだ——自分自身に直面しなくて済むように。人は、自分自身を見てしまうのではないかと恐れている。

人は、自分自身から逃げる方法を数限りなく発明してきた。しかも、マインドの状態が悪化すればするほど、自分自身から逃げるために新しい発明がなされた。これまでの五十年間を見ると、自分自身から逃げるために、歴史上かつてないほど多くの娯楽が生み出されてきたことがわかるだろう。映画、ラジオ、テレビは、すべて自分自身から逃げるための方法だ。人は落ち着きを失ってしまった。誰もが気晴らしを探し求めている。しばし自分自身を忘れるために、ありとあらゆることをしている。それは、あなたの内面の状態が悪くなっているからだ。文明の発展に伴い、全世界で薬物《ドラッグ》の使用が増加している。最近、新しいドラッグが発見され、ヨーロッパとアメリカで大流行している。それらは、ＬＳＤ、メスカリン、マリファナといったドラッグだ。ヨーロッパやアメリカの文化的な都市や、教育を受けた人々のあいだでは、新たなドラッグを発見しようとする試みが最高潮に達している。自分自身を忘れるための確実な手段を発見する探究は、続いている――さもないと、とても困ったことになってしまう。

こうしたことの背後にある理由は何だろう？　なぜあなたは、自分自身を忘れたいのだろう？　なぜあなたは、それほどまでに自己忘却を望むのだろう？　そして、自分自身を忘れたがっているのは、映画を見に行く人びとだけだと思ってはいけない。寺院へ行く人びとも、同じ理由で出かけている。何の違いもない。寺院は自己忘却のための古い手段であり、映画は新しい手段だ。座って「ラーム、ラーム」とマントラを唱えている人がいたら、まさか詠唱しながら自分自身を忘れようとしてはいないだろう、などと思ってはいけない――他の人が映画の歌を聞いて、自分自身を忘れようとしているのと同じだ。両者に違いはない。

自分の外側にある何かに巻き込まれていようとする努力――それが「ラーム」だろうと、映画だろうと、音楽だろうと――何かに巻き込まれていようとする努力は、深いところでは自分自身からの逃避に他ならない。あなたたちはみな、何らかの方法で自己から逃避することに気をとられている。これはあなたの内面の状態が悪くなっているということであり、それに目を向ける勇気さえも失っているということだ。あなたは、そちらに目を向けることを、とても恐れている。

あなたのしていることはダチョウのようだ。敵を見ると、ダチョウは砂のなかに頭を隠す。敵に目を向けるのは危険だと思うからだ。敵は目に見えないから、ダチョウの論理によると、「見えないなら、そこには存在しないということだから、自分は安全だ」というわけだ。だが、この論理は間違いだ。ダチョウなら大目に見てもいいが、人間はそうはいかない。ただ目を向けないだけで、物事が存在しなくなるわけではない。物事が目に見えるなら、何かができる。だが、目に見えないとしたら何もできない。

あなたは内面の状態を忘れたい、あなたはそれを見たくない。目に見えないものは、そこに存在しない――そう自分のマインドに言い聞かせることはできるだろう。しかし、それがなくなるわけではない。目に見えないことと、存在していないということは無関係だ。何かが目に見えるとしたら、あなたはそれを変えられるかもしれない。でも、目に見えないから変えられない。それは内側で、傷や潰瘍のように広がり続ける。あなたはそれを隠してきて、それに目を向けたくないと思っている。

マインドは傷になってしまった。いつの日か、それぞれの人の内面で起こっていることが見える機械が発明されたら、おそらく誰もがすぐに自殺をするだろう。自分の内面で起こっていることを、他人に見せてもいいと思う人など一人もいない。いつの日か、そんなことも可能になるだろう。いまのところ私たちの頭には、お互いのマインドを覗き込み、そこで起こっていることが見えるような窓はない。ありがたいことだ。

内側に秘めていることと、外側で口にしていることには、大きな隔たりがある。顔の表面にうかがえることは、その人の内面で起こっていることと完全に違う。外側では愛について語りながら、内面は憎しみに満ちていることもあり得る。人びとはこう言っているかもしれない、「おはよう。君に会えてうれしいよ。今日の朝、君に会えてよかったよ」。しかし内側では、「どうして朝いちばんで、この間抜け面を見ないといけないんだ？」と言っている。

人びとの頭を覗く窓があったとしたら、私たちはとても困ってしまい、実に生活しずらくなってしまうだろう。私たちは親しげに話しているかもしれないが、内側では「いつになったら、こいつは死ぬんだろう？」と思っている。表面に現われていることと、裏に隠れていることは違う――そして私たちは、思い切って内面や内側に目を向け、見ようとしない。

母親と娘が一緒に住んでいた。二人は両方とも夢遊病だった。ある晩の三時ごろ、母親は起き上がって家の裏庭へ出ていった。しばらくすると、娘も眠りながら起き上がって庭へ歩いていった。老婦人は自分の娘を見るなり叫んだ、「この売女め！　お前は私の若さを盗んでしまった。お前が生まれてから、私は年をとり始めてしまったんだ。お前は私の敵さ。お前が生まれなかったら、私はまだ若かったんだ」

そして少女は、自分の母親を見ると叫んだ、「何て性悪な女。あんたのせいで私の人生は悲惨になり、束縛されてしまった。あんたはいつも、私の人生の流れに立ちふさがる岩だったわ。私の首に巻かれた重い鎖だったのよ」

雄鶏が時を告げた瞬間、二人は目覚めた。少女を見て老婦人は言った、「まあ、なぜこんな早くに起きているんだい？　風邪をひくよ。おいで、なかに入ろう」

少女はすぐに年老いた母親の足に触れた。毎朝、母親の足に触れるのが彼女の習慣だったのだ。彼女は言った、「母さん！　ずいぶん早く起きたのね。身体に障りますよ。こんなに早く起きない方がいいわ。いらっしゃい、休みましょう」

眠っているときと目覚めたときと、二人の言っていることの違いがわかるだろう。寝言は、起きているときに喋ることよりも本心に近い。なぜなら、それはより内側からやって来るからだ。夢のなかで見る自分は、世間や人の集まりのなかで見る自分よりも真実味がある。人の集まりのなかの顔は、取り繕われていて人工的だ。内側の深いところでは、あなたはまったく別人だ。あなたは表面に善良な思考を貼り付け、物事を隠そうとするかもしれないが、内側では思考の炎が燃えている。表面では、あなたはまったく静かで健全に見えるかもしれないが、内面ではすべてが不健全で混乱している。表面では微笑んでいるように見えても、その微笑はあふれんばかりの涙をかろうじて覆っていることもあり得る。実は内側の涙を何とかして隠すために、あなたは努めて微笑んできたのだろう。人びとはたいてい、そうしている。

かつて、ある人がニーチェに尋ねたことがあった、「あなたはいつも笑っていますね。とても楽しげだ。本当にそんなふうに感じているのですか？」

ニーチェは言った、「さて、尋ねられたからには真実を話さないといけない。私は泣き出さなくて済むように笑っているのだ。泣き出す前に、私はそれを笑いで押さえる。自分の内側で、それを止めてしまうのだ。私が笑うのを見て、人は私が幸せだと思うに違いない。でも私が笑うのは、ひとえに悲しくてたまらなくて、笑ってほっとしたいからなのだ。ときどき、自分自身を慰めるのさ」

誰も仏陀が笑うのを見たことはなかった。誰もマハヴィーラが笑うのを、キリストが笑うのを見たことはなかった。理由があるはずだ。おそらく内側に涙がないから、それを隠すために笑わなくていいのだろう。内側には、微笑みで隠すような悲しみが残っていないのだろう。内側で混乱していたものは、すべて消え去ってしまった。だからもう表に、笑いという花々を挿さなくてもいいのだ。

体臭のある人は、香水を振りかける必要がある。身体が醜い人は、美しく見える努力をしないといけない。内心悲しい人は、笑えるようになる必要がある。内側が涙でいっぱいの人は、外側で常に微笑んでいないといけない。内側が刺だらけの人は、自分の外面に花々を挿さなくてはならない。

人は外見とまったく異なる――完全に正反対だ。内面と外面は違う。あなたが外側に貼り付けたものに他人が騙されるのは仕方ないが、問題なのはあなた自身がそれに騙されていることだ。他人が外面に騙されているのは仕方がない――それは、たいして驚くことではない。人はたいてい外側しか見ないのだから。しかし、あなた自身が騙されている。あなたは自分を、他人が見ているイメージのとおりだと思っている。あなたは他人の目を通して自分を見ている。決してありのままの自分、本当の自分を直接見ることはない。

他人の目のなかにつくられたイメージはあなたを欺き、あなたは内側を見ることを恐れるようになる。あなたは自分の現実ではなく、人びとがあなたに抱いているイメージを見ていたい。人びとは何と言っているのだろう？——あなたは人が自分のことをどう言っているかを知ることに、とても興味を持つようになる。この知りたがる好奇心の背後にあるのは、まさしくこれだ——あなたは、他人の目のなかにつくられたイメージを通して、自分を認識できると思っている。これは実に驚きだ！　自分自身を知るためなのに、あなたは他人の目を覗き込まないといけない。

人びとは、他人に悪く言われているのではないかと恐れる。良いことを言われているならうれしい。というのも、自分自身についての理解は、他人の意見に依存しているからだ。人びとには、自分自身についての直接的な理解がない。自分自身を理解する直接的な体験がない。この体験は起こるはずだが起こらない。というのも、あなたがそれから逃げようとしているからだ。

マインドに直面するには、まず他人の言うことを気にしないこと、他人にどう見られているかを気にしないことだ。それよりも、あなたが本質的に何であるかに直面した方がいい。独り在るなかで、自分のマインドを完全にさらけ出し、そこにあるものを見るといい。それは勇気ある行為だ。

自分の内側に潜む地獄の渦中へ入っていこうという決意は、途方もなく勇気ある行為だ。裸の自分を見ることは、大いに勇気ある行為だ。大いなる勇気が必要だ。

昔、ある皇帝がいた。彼は毎日のように、宮殿の中央にある一室へと姿を消した。彼の家族、宮殿の人びと、友人、そして大臣たちはみな、この習慣に驚いていた。彼はその部屋の鍵を肌身離さず持っていて、部屋に入ると内側からドアに鍵をかけてしまうのだった。その部屋にはドアがひとつしかなく、窓はひとつもなかった。二十四時間のうち、彼は少なくとも一時間はその部屋にいた。彼の妻でさえ、その部屋については何も知らなかった。彼はその部屋のことを、決して誰にも話さなかったのだ。誰かに尋ねられると、彼は微笑み、沈黙を守った。そして、誰にも鍵を渡さなかった。人びとはみな、そのことに驚いており、好奇心は日ごとに高まっていった——「彼はそこで何をしているのだろう?」。誰も知らなかった。彼はその閉め切った部屋に一時間いて、それから静かに出てきて鍵をポケットに入れ、翌日また同じことをするのだった。とうとう人びとの好奇心は頂点に達し、互いに共謀して彼が何をしているかを探り出すことにした。彼の大臣たち、妻たち、息子たち、娘たちは、この共謀の一味だった。

ある晩、彼らは壁に穴をつくり、皇帝が今度そこに行ったときに、何をしているのか見られるようにした。翌日、皇帝がなかに入ると、彼らは一人ずつ穴から覗き見をした。だが穴に目を寄せるなり、誰もがたちまち脇にどいて、「何をしているんだ? 彼は何をしているんだ?」と言った。

しかし、彼のしていたことを口にできる者は一人もいなかった。

皇帝は、なかに入ると服をすべて脱ぎ捨てた。そして手を空に差し延べて言った、「おお神よ！　この服を着ていた者は私ではありません。それは私の真実ではないのです——これが私の真実です」。そして彼は飛び跳ね、叫び、罵声を上げ、狂人のように振る舞い始めた。

穴から見た者はみなショックを受け、すぐ脇にどいて言った、「私たちの皇帝は何をしているのだ？　おそらくヨーガでもしているか、祈りを捧げているのだろうと思っていた。しかし、これだ！　彼は何をしているのか？」

すると皇帝は神に言った、「服を着てあなたの前に立っている、物静かで穏やかそうな人物は、まったくの偽者です。彼は洗練された人物ですが、私が努力して彼をそんなふうに仕立てたのです。本当の私はこんな者です。これが私の真実です。これが裸の私であり、これが私の狂気です。私の真実を受け入れてくだされば結構です——なぜなら、人びとのことは欺けますが、どうしてあなたを欺けましょう？　私は服を着て、自分が裸でないことを人に見せることができます。でもあなたは、私が裸なのをよくご存知です。どうしてあなたを欺けましょう？　物静かで至福に満ちている自分を人に見せることはできますが、あなたは私のことをとても深くご存知です。どうしてあなたを欺けましょう？　あなたの前では、私はただの狂人です」

神の前では、私たちはみな狂人のようだ。神はさておき、実際に自分の内面を見たら、自らの目にさえ自分は狂人のように映るだろう。私たちのマインドは完全に混乱している。しかし、私たちはこの問題に何の注意も払ってこなかったから、対処する手立ても編み出してこなかった。

まずはマインドに直面することだ。しかしこの出会いが起こるには、二、三の要点を理解しておく必要がある。そうしたら、マインドはいかに変わり得るかについて考察できるだろう。


マインドに直接、面と向かう第一点目は、自分自身を知る恐れを捨て切ることだ。自分自身を知る恐れとは何だろう？　それは、もしかすると自分は悪人なのではないか、という恐れだ。善人であるというイメージを高めてきたのちに、悪人であることが発覚するかもしれないという恐れだ。あなたは一見、善人に見える——徳もあり、純心で、真正で、正直だ。あなたの恐れとは、内側の自分は真正でなく、偽物であることに気づいてしまうかもしれないという恐れだ。あなたは、自分が非宗教的で、複雑で、狡猾で、偽善的で、背徳的だと知ることを恐れている。それは、自分のイメージ——つまり自分だと思っているものが、偽りだと判明するかもしれない恐れだ。

このように恐れる人は、決してマインドに直面できない。森に入っていくのは簡単だ、暗闇に入っていくのも簡単だ、勇敢に野獣の前に座ることも簡単だ。しかし、あなたの内側に隠れた野生の人間の前に、勇敢に立つのはとても難しい。それは非常に骨が折れることだ。何年も太陽のもとで立っていることは、少しも難しいことではない——どんな愚か者にだってできる。頭で逆立ちするのも難しいことではない——そうしたサーカスの曲技は、どんな愚か者にだって教えられる。棘《いばら》の上に横たわるのも、たいして難しいことではない——肌はたちまち棘に順応する。大いに努力を要することがひとつあるとしたら、それは勇気を奮い起こし、内側の自分を直《じか》に体験することだ——性悪であろうと、気違いであろうと、どんな自分であろうとも。

さて、第一点は恐れを捨て、勇敢に自分自身を見る覚悟をすることだ。この勇気を持たぬ者は、厄介なことになるだろう。あなたは魂に到達すること、存在を知ることに興味を持っているが、自分自身に直接ありのまま直面する勇気を持ち合わせていない。魂と存在は遥か彼方にある。最初の現実は、あなたのマインドだ。最初の現実は、あなたがもっとも密接に関わっている思考のセンターだ。まず、それを見て、それを知り、それを認識することだ。

第一に、一人きりになって、恐れずに自分自身のマインドを知る努力をすること。最低でも毎日三十分は、ありのままを表現する機会をマインドに与えるといい。あの皇帝のように部屋に閉じこもり、マインドに完全な自由を与える。「考えたいこと、思いを巡らせたいことは何でもやってごらん」とマインドに言いなさい。自分のあら探しは、いっさいやめること。それは物事が表面化するのを妨げてきた——それを全部やめなさい。マインドに自由を与え、何であれ生じるものは生じさせ、現われるものは現われさせる。何も制止したり、抑圧したりしない——あなたは内側にあるものを知る覚悟でいる。

また、事の善悪を判断してもいけない。判断した瞬間、抑圧が始まる。何であれ、あなたが悪と呼ぶものをマインドは抑圧し始め、あなたが善と呼ぶものをマインドは隠れ蓑として利用し始める。だから、何についても善悪の判断をする必要はない。マインドにあるものは何であれ、どのようなものであれ、ありのままを知る心構えでいることだ。

マインドに、考えたり思いを巡らせたり感じたりする自由を全面的に与えるなら、自分は狂人なのではないかと、とても怖くて心配になるだろう。しかし、マインドから自由になるには、内側に隠されているものを知ることが大切だ。理解と認識こそ、それから自由になる第一歩だ。見ず知らずの、面識もない敵は征服できない——何の手立てもない。隠れた敵、あなたの背後に立っている敵は、正面のなじみのある敵、面識のある敵よりも危険だ。

まずひとつに、あらゆる方面からマインドに押し付けてきた規制や抑制のせいで、あなたはマインドが自発的に表現するのを許さない。あなたは、その自発性をことごとく制限してきた。すべてが不自然で偽りになっている。あなたは、あらゆるものをヴェールで覆い、偽りの顔を装い、マインドが率直に表現するのを許さない。

だから手始めに、少なくともあなたの目の前で、マインドが率直に表現することを許し、隠され抑圧されてきた中身をすべて知ることだ。マインドの大半は、暗闇のなかに封じ込められている。あなたがそこにランプを持ち込んだことは一度もない。あなたは自宅のバルコニーに住んでいて、内側の部屋はすべて真っ暗だ。どれだけの虫や、蜘蛛や、蛇や、蠍がそこに潜んでいるのか、あなたは知らない。それらは暗闇のなかで、きっと寄り集まる。そしてあなたは、そこに明かりを持ち込むのを恐れている。自宅の状況など、考えたくもないと思っている。

探求者は、是非ともこの恐れを捨てなければならない。マインドと思考に革命をもたらすには、まず恐れを捨て、恐れずに自分自身を知ろうと覚悟することだ。第二に、マインドに押し付けてきた検閲や制限を取り除くこと――それにしても、あなたはずいぶん多くの制限をマインドに課してきたものだ。あなたの教育、道徳的なお説教、文明や文化は、数々の制限を課してきた――「こんなことを言ってはいけない。こんな考えを起こしてはいけない。それは悪しき思考だ! 許してはならない!」と。それらを抑圧したところで、悪しき思考は滅びない――それらはさらに深く進み、潜在意識に入り込むだけだ。

抑圧しても思考はなくならない。それはもっと深く、あなたの実存に入り込む。なぜなら、あなたが抑圧しているものは、内側からやって来るからだ。どこか外側からやって来るわけではない。覚えておくといい、何であれマインドのなかにあるものは、どこか外側から来るものではない。それは内側からやって来る。それはまるで、山からやって来る湧水の出口を閉ざしてしまうようなものだ。湧水は消滅しない。さらに深く進み、山の外に出る別の道筋を探すだろう。もともとはひとつの湧水だったものが、今度はおそらく十になる。なぜなら、水は十の湧水に分かれて流れようとするからだ。そして、この十箇所を閉ざすなら、百の湧水となるだろう。

すべては内側からやって来る。外側からではない。抑圧すればするほど、それはいっそう醜くなり、歪められる。そして外に出る新たな道筋を見つけ、厄介な問題が新たに生まれる――それでもあなたは、さらに強くそれを抑圧し続ける。ある種の間違った考えがマインドに浮かんだら、それを抑圧すること――まさに子供時代から、あなたの教育の基礎はそうなっている。その抑圧された思考は消滅せず、潜在意識にいっそう深く入り込む。そして抑圧が続けば続くほど、それはさらに深く進み、より大きな力であなたを支配する。

怒るのは悪いことだから、あなたはそれを抑圧する。すると、怒りの流れがあなたを通って広がっていく。セックスは悪いこと、欲張りは悪いこと、これは悪い、あれは悪い……。あなたは悪いことをすべて抑圧し、最終的に自ら抑圧したものになってしまった自分に気づく。出口を閉ざして抑えた湧水は、どれだけ長く堰き止められるだろう？

また、マインドは決まった方法で機能する。たとえば、何であれあなたが抑圧や逃避を望んだ事柄は、マインドの中心となる。何であれあなたが逃げたいと思ったことは引力となり、マインドはそれに向かって動き始める。やってみるといい！――何かから逃れようとし、何かを抑圧しようとすれば、マインドはたちまちそれに焦点を当てるだろう。

ミラレパはチベットに住んでいた神秘家だ。ある日、若者が彼のもとにやって来て言った、「私は力を手に入れたいのです。どうかマントラを授けてください」

ミラレパは言った、「マントラなどない。私たちは神秘家だ。マントラは手品師や奇術師のためのものだ――彼らのもとに行くがいい。私たちにはマントラなどない――私たちに力《パワー》は不要だ」

しかし、ミラレパが拒めば拒むほど、若者はますますそこに何かがあるに違いないと思うのだった。「そうでなきゃ、拒む必要などないじゃないか?」。そして彼は、ミラレパのもとに何度も通い続けた。

棒で、あるいは石を投げて人びとを追い払う聖者のまわりには、常に大勢の取り巻きが集まる。取り巻きたちは、聖者が何か特別な物を持っているに違いないと思う。さもなければ、人びとを追い払ったりしないだろう。けれども、あなたは気づいていない。新聞の広告で人びとの気を引くこと、あるいは人びとに石を投げて彼らの気を引くことは、同じトリックなのだ。宣伝活動《プロパガンダ》という点では同じだ。二番目の方法は、もっと巧みで狡猾だ。石を投げられ、追い払われるとき、本当は誘導されていることに人びとは気づいていない。これは人の興味を引く巧妙なやり口だ。すると人びとは、そそのかされているとも知らず、本当にやって来る。

ミラレパは何かを隠そうとしていると若者は思った。そして彼は、毎日のように通い始めた。とうとうミラレパもうんざりして、彼のために紙切れにマントラを書いて言った、「これを持っていきなさい。今夜は新月の晩だ。これを夜のあいだ五回読みなさい。五回読んだら、あなたは望む力を得られるだろう。そうしたら、何でもしたいことができる。もう行って、私を一人にさせておくれ」

若者は紙を握りしめ、くるりと向きを変えて走っていった。彼はミラレパに礼さえ言わなかった。しかし、寺院の階段を降り切らないうちに、ミラレパが彼を呼び止めた。「おい、ひとつ言い忘れたことがある。このマントラには、ある条件が付いているのだ。それを読むとき、頭《マインド》でサルのことを考えてはいけないぞ」

若者は言った、「心配いりませんよ。生まれてこのかた、そんなこと考えたこともありません。サルのことを考える理由なんて、ひとつもありませんでしたからね。これをたったの五回、読めばいいんですね。問題ありませんよ」

しかし、彼は間違っていた——階段のいちばん下まで降り切らないうちに、サルたちがやって来始めたのだ。彼はとても怖くなった。目を閉じると、内側にサルがいた。外を見ると、サルなどいなかったところにもサルが見えた。すでに夜になっていたが、木々の動きひとつひとつがサルのように見えた。いたるところにサルがいるかのようだった。家に辿り着くころには、彼はとても心配になった。それまでサルのことなど、考えたこともなかったからだ。彼は、サルとはまったく無縁だった。

彼は風呂に入ったが、風呂に入っているあいだもサルたちは彼と共にいた。彼のマインドは、たったひとつのこと——サルのことを考えていた。そして彼は、マントラを読もうと思って座った。

紙を取り上げ、目を閉じると——内側には、彼をからかうサルたちの集団がいた。彼はとても怖くなった。しかし、それでも彼は一晩耐えた。姿勢を変え——いろいろと座り方を変え、パドマアーサナやシッダアーサナやその他のヨーガの姿勢をとってみた。祈ったり、額づいたり、懇願したりした。このサルどもを追い払うのを誰か助けてくれと叫んだものの、サルたちは頑と居座っていた。その晩、サルたちは彼のもとを去ろうとしなかった。

朝になる頃には、若者はほとんど恐怖に狂わんばかりだった。そして彼は、マントラの力はそうやすやすと手に入らないことを覚った。彼は思った——ミラレパはとても賢い、難しい条件を付けたものだ。ミラレパはどうかしている！　サルが妨害になるのなら、せめてその話をしないでくれたらよかったのだ。そうすれば、マントラの力が手に入っただろう。

朝、彼はミラレパのもとに引き返し、泣きながら言った、「マントラをお返しします。あなたは大きな間違いを犯しました。このマントラを使う上でサルが妨害になるのなら、サルの話をしなければよかったのです。普段、私はサルのことなどちっとも考えませんが、昨日は一晩中サルが私を追ってきました。このマントラの力を手に入れるには、もはや次の生を待たねばなりません。今生では、このマントラとサルがひとつになってしまいましたから。もはや、サルを追い払うのは不可能です」

サルはマントラと一体化してしまった。これはどのように起こったのだろう？——そこにサルがいてはならないとマインドが頑と言い張ったから、サルがやって来たのだ。マインドでサルを追い払おうとするたびに、サルは現われた。マインドがサルから逃れようとするたびに、サルはやって来た。

禁止は誘導であり、拒絶は誘いであり、阻止は誘惑だ。

この単純な要点を理解していないから、あなたのマインドはたいそう病んでしまった。あなたは怒りたくない――すると怒りがサルのようにやって来る。あなたは性的になりたくない――するとセックスがサルのようにやって来て、あなたの実存をしっかりつかまえる。あなたは強欲もエゴも望まない――するとそれらが一斉にやって来る。しかし、あなたが望むもの――霊性、宗教性、光明は、ひとつも訪れないようだ。望まぬものはやって来て、得ようとするものは決して現われない。こうした失敗はすべて、マインドの単純な要点を理解しないことから起こる。

ふたつ目に覚えておくべきことは、マインドにあるものの是非に固執する必要はないということだ。選択せず、条件を付けず、何であれマインドに現われるものを見守る心構えでいるといい。このようにして私たちは、マインドとは何かを本当に理解し始めることができる。

世界中の広告主は、マインドの矛盾した性質という単純な事実を熟知している。だが、宗教的指導者たちは、それをまったく理解していない。世界中の政治的な宣伝屋はこの事実を理解しているが、社会の指導的な人びとは理解していない。映画が「成人向け」と宣伝されると、子供たちは安物の偽髭を顔に付けて出かける。子供の気を引くには、広告に「成人向け」という言葉を用いればいいことを広告主は知っている。「女性向け」とされている女性誌があるが、そんなものを読む人は男性以外いない。女性は決して読まないものだ。私が問い合わせたところ、購入者のほとんどが男性だった。市場に出している雑誌について取次業者に尋ねると、彼らは言った、「女性は『女性向け』と表示された雑誌をごくたまにしか買いません。彼女たちが買うのは、たいてい『男性向け』と銘打った雑誌です」

何が男性のマインドを魅了するか、広告主は知っている。しかし宗教的指導者や道徳の教師たちは、まだそれを理解していない。彼らはいまだに、「怒ってはいけない、怒りと闘いなさい」という愚かなことを説き続けている。自分の怒りと闘い、それから逃れようとしている人は、一生怒りに取りつかれ、決して自由にはなれない。面と向かって自分の怒りを知ることに関心を持ち、怒りと闘わない人だけが、それから自由になる。

だから覚えておくべき第二点目は、マインドがどんな状態であれ、それと衝突したり格闘したりする気持ちを、いっさい捨てることだ。ただ知りたい、理解したいという気持ちを生み出しなさい――「自分のマインドがどういうものか、私は理解すべきだ」と。このような真摯な気持ちで、マインドに入っていくといい。それが第二点目だ。

そして第三点目は、何であれマインドに生じることに判断を下さないこと。何が悪くて、何が良いかについて、どんな判断も下してはいけない。善悪は同じコインの表と裏だ。悪があるところには、常にその反対側に善がある。善があるところには、常にもう一方の側に悪がある。

善人のなかには悪人が隠れており、悪人のなかには善人が隠れている。善人というのは、コインの善良な面が上を向いていて、悪い面が下に向いている。だから善人が悪人になると、極悪人よりもさらに性悪であることが判明するのだ。また悪人が善人になると、比較されれば善人も顔色を失うように見える。悪人のなかには善良さがすっかり隠れていて、悪い面だけが現われている。彼が変化して善人になったら、彼のそばにいる善人たちは顔色を失ったように見えるだろう。彼の内側から、隠れていた善良さの実に清冽な力が生じる。ヴァールミキやアングリマーラがいい例だ。彼らはたいへんな悪人だったが、ある日、善良になった。そしてその善良さは、他のどの聖者よりもまさっていた。

善人も悪人も異ならない。彼らは同じコインの表と裏だ。だが、賢者は第三の種類に属している――彼の内側には善も悪もない。コインはすっかり消え去っている。賢者は善人でもなく、紳士でもなく、聖者でもない。紳士のなかには常に悪意のある人間が隠れており、悪人のなかには常に紳士が隠れている。賢者は完全に第三のタイプの現象だ。彼は善と悪の両方を越えている。彼はどちらとも無関係だ。彼は善悪が問題とならない、まったく異なる次元に入っている。

日本のとある村に、若い僧侶が住んでいた。彼はとても有名で、非常に評判が高かった。村全体が彼を崇拝し、尊敬していた。村中で、彼を讃える歌が歌われていた。しかしある日、すべてが一変した。村の若い娘が妊娠し、子供を生んだのだ。誰の子供かと家族に問われた彼女は、若い僧侶の子供だと言った。

賞賛する者が敵に変わるのに、どれほどの時間がかかるだろう？　いったいどれくらい？　ほんの一瞬すらかからない。なぜなら、賞賛する者のマインドには、常に非難が隠れているからだ。マインドはただ機会を待っている。そして賞賛が終わる日、非難が始まる。敬意を表していた人びとは一瞬にして豹変し、軽蔑するようになる。人の足に触れていた人びとは、一瞬のうちに同じ人の頭を切り落とすことができる。尊敬と軽蔑には何の違いもない――それらは同じコインの表と裏だ。

村中の人びとが僧侶の小屋を襲った。彼らは長いあいだ僧侶に敬意を表していたが、いまや抑圧してきた怒りがすべて噴出したのだ。いま、彼らは軽蔑するチャンスを得て、全員で僧侶の小屋に殺到し、火を放った。そして、小さな赤ん坊を彼に放り投げた。

僧侶は尋ねた、「どうしたというのです？」

人びとは怒鳴った、「どうしただと？　これはお前の子だろう。どうしたことか、わしらが話さないといけないか？　燃えているお前の家を見るがいい。お前の胸のなかを、この子供を、この少女を見るがいい。言うまでもなく、その子はお前の子供だ」

僧侶は「そうですか、この子は私の子供なのですか」と言った。

子供が泣き出したので、静かにさせようと、彼は歌を歌い始めた。そして人びとは、焼け焦げた小屋のそばに座る彼を残し、去っていった。そして午後になると、彼はいつもの時間に托鉢に出かけた――だが、今日は誰が彼に食べ物を差し出すだろう？　今日は彼が前に立つと、どの扉もぴしゃりと閉ざされた。今日は子供たちや人びとの集団が、彼をからかったり石を投げたりしながら、彼のうしろを歩き始めた。彼は、子供の母親である少女の家に辿り着いた。彼は言った、「私は自分の食事を得られないでしょう。でも、せめてこの子には乳をください！　私には落ち度があるかもしれませんが、この哀れな子に何の咎《とが》があるでしょう？」

子供は泣き、大勢の人がそこに立っていた――少女は耐え切れなくなった。彼女は父親の足もとに身を投げ出すと言った、「許してください。私は嘘をついて、あのお坊様の名前を告げました。私は、子供の本当の父親をかばいたかったのです。だから、このお坊様の名前を使おうと思いつきました。私は、お坊様に会ったことすらありません」

父親は狼狽《ろうばい》した――これはとんでもない間違いだった。彼は家から駆け出し、僧侶の足もとに崩れ落ち、彼から赤ん坊を取ろうとした。

僧侶は尋ねた、「どうしたというのです？」

少女の父親は言った、「お許しください、間違っていたのです。この子はあなたの子供ではありません」

僧侶は答えた、「そうですか、この子は本当に私の子供ではないのですか」

すると村人たちは彼に言った、「あなたは気違いだ！　なぜ、今朝そう言わなかったのです？」

僧侶は言った、「それで何が変わったでしょう？　子供は誰かの子に違いありません。そしてあなたがたは、すでに小屋をひとつ燃やしてしまいました――あなたがたは、もうひとつ燃やすだけでしょう。あなたがたは、一人の人間を罵倒するのを楽しみましたが、もう一人を罵倒するのを楽しむことでしょう。何が変わるというのです？　子供は誰かの子に違いありません――私の子供ということもあり得るのです。だとしたら、何が問題なのでしょう？　何が変わるというのです？」

人びとは言った、「誰もがあなたのことを非難し、侮辱し、とことん屈辱を与えたことがわからないのですか？」

僧侶は答えた、「あなたの非難を気にしていたとしたら、私はあなたの敬意にも関心があったでしょう。私は自分が正しいと感ずるままに行動し、あなたがたも何であれ、自分が正しいと感ずることを行なうのです。昨日まで、あなたがたは私を尊敬することが正しいと思い、そうしました。今日、あなたがたは私を尊敬しないことが正しいと思い、尊敬しませんでした。でも、尊敬されようとされまいと、私には関心がないのです」

人びとは彼に言った、「おお、立派なお坊様、せめていい評判を失うことを配慮なされればよろしかったのに」

彼は答えた、「私は悪人でもないし、善人でもない。私はただ、私自身です。私は善悪という概念を捨ててしまいました。善人になることへの関心を、捨て切ってしまいました。というのも、善人になろうとすればするほど、悪人になることがわかったからです。悪いものから逃れようとすればするほど、良いものがどんどん消えていくことがわかりました。それで私は、その考えそのものを捨てたのです。私はまったく無頓着になりました。そして無頓着になった日、善も悪も内側に残っていないことがわかりました。むしろ、何か新しいものが生まれました。それは善よりも優れたものであり、悪という影の部分すら持たぬものだったのです」

賢者は第三のタイプに属する人間だ。探求者の旅は、善人になる旅ではない。探求者の旅は、賢者となる旅だ。

だから第三のポイントは、マインドに生じる思考の善悪を判断しないことだ。非難してもいけないし、評価してもいけない。これは悪い、これは良いと言ってはいけない。ただ、川の土手に座っているかのように、マインドの流れの傍《かたわ》らに座り、無頓着に流れを見つめる。水が流れている、石が流れている、木の葉が流れている、木が流れている、そしてあなたは見つめている——土手に静かに座りながら。

これらが今朝、あなたがたに話したかった三つの要点だ。第一点は、マインドに直面する途方もない度胸を持つこと。第二点は、マインドに規制や条件を課さないこと。第三点は、マインドにどんな思考や渇望が生じても、判断を下さないこと——善悪の判断を下さないことだ。あなたはただ、無頓着な態度をとればいい。この三つの要点は、マインドの誤った使い方を理解するために必要だ。そしてこの誤用を脱し、その先へ進むために何ができるかについて、午後と夜に話すとしよう——ただし、この三つの基本的な要点を心《マインド》に留めておくことだ。

では、朝の瞑想の準備をしよう。

まず、朝の瞑想について、理解すべき要点がふたつある。それから座ることにしよう。朝の瞑想は、非常に直接的で単純なプロセスだ。実際、生において意義あることは、いずれも単純で直接的だ。生においては、無意味な物事ほど、より複雑で入り組んでいる。生においては、高次の物事ほど、より単純で直接的だ。

それは、実に直接的で単純なプロセスだ。静かに座り、まわりの音の世界に静かに耳を傾けるだけでいい。耳を傾けることには、すばらしい効果がある。普段、私たちは決して耳を傾けることがない。私がここで話しているときに、自分はそれを聞いていると思うなら、あなたはたいへんな思い違いをしている。耳に音が注がれることが、聞くということではない。

私が話しているのと同時にあなたが考えているとしたら、あなたは聞いていない。なぜなら、マインドは一度にひとつのことしかできないからだ。決してふたつはできない。聞くか考えるか、どちらかだ。あなたが考えているあいだは、それだけ聞くことが止まる。あなたが聞いているあいだは、それだけ考えることが止まる。私は耳を傾けることはすばらしいプロセスだと言うが、それは要するに、ただ静かに耳を傾けるなら、思考活動は自然に止まるという意味だ。なぜなら、これはマインドの基本的な決まり事のひとつなのだが、マインドは一度にふたつの物事はできない——絶対にできないからだ。

ある人が病気にかかった。一年間、彼の脚は麻痺していた。医者は彼に、あなたの身体はどこも麻痺してない、それはあなたのマインドの想像だと言った。しかし、どうして彼が納得できるだろう？——彼は麻痺していた。すると、彼の家が火事になった。燃えると同時に、家の者たちはみな駆け出した。すると、麻痺した男も走ったのだ。彼は一年間ベッドを離れたことがなかった。走りながら彼は思った、「何てことだ！　どうしてこんなことが起こったんだろう？　一年間、私は起き上がることすらできなかった。どうしていま、歩けるのか？」

男は、このことについて私に尋ねた。私は彼に言った、「マインドというものは、ふたつのことを同時に考えられないものなのだ。麻痺はマインドの考えだったが、家が火事になったとき、マインドはすっかり火事に巻き込まれた。すると当初の考え——自分の足が麻痺していることは消えてしまい、君は家から駆け出したのだ！　マインドが強烈に気づきを持つのは、一度にひとつのことだけだ」

今朝の実験は、鳥たちや風の歌に、あなたのまわりのあらゆる耳障りな音に、静かに耳を傾けることだ。それらを静かに聴く。ひとつのことにだけ、注意を払いなさい――「私は耳を傾けている。何であれ起こっていることに、全身全霊で耳を傾けている。他には何もしていない。ただ耳を傾けている。全身全霊で耳を傾けている」

私が耳を傾けることに重点を置くのは、全身全霊で耳を傾けると、止まることのない内側の思考の動きが完全に静まるからだ――このふたつは同時に起こり得ない。だから、耳を傾けることに全力を尽くしなさい。これは肯定的な努力だ。

思考を捨てようとしたら、先ほど私が話した間違いが起こるだろう。それは否定的な努力だ。取り除く努力をしても、思考は捨てられない。しかし、いつもは思考に向かっていたマインドのエネルギーが別の流れに流れていくなら、思考は自動的に弱まるだろう。

麻痺した男の医者は、よく彼に言っていた、「自分は麻痺しているという考えを、頭《マインド》から捨てなさい。あなたは、本当は麻痺していないんだよ」。だが、自分は麻痺しているという考えを捨てようと努力すればするほど、ますます麻痺したままになってしまうものだ。「もし麻痺していないなら、なぜ私は『自分は麻痺していない』と繰り返すのだろう?」。彼は常に「私は麻痺していない」と繰り返し、自分が麻痺しているという思いを深め、強めていた。この男のマインドには転換が必要だった。麻痺に関する思考を止めようとする必要はなかった。もし他のことに巻き込まれる機会があったら、彼の麻痺は消えただろう。なぜなら、それはマインドの麻痺であり、身体の麻痺ではなかったからだ。麻痺をなくすには、彼のマインドを完全に脇に置く必要があった。

幸運にも、彼の家が火事になった。災難に見えることも、あとになれば幸運な出来事だったとわかることがあるものだ。このとき、男の家が火事になったのは幸運だった。突然、彼の注意がすべて火事に向かったからだ。彼のマインドは執着していた麻痺から離れ、突然、幻想が消えた。それは幻想だった、幻想にすぎなかった。実際は足枷《あしかせ》などなく、思考のクモの巣が張り巡らされていただけだったのだ。注意がそらされると、思考は枯渇し、生気を失う――なぜなら、思考はあなたの注目から命を得ているからだ。

思考それ自体に命はない。思考に注意を払えば払うほど、それはますます活気づく。注意をそらせばそらすほど、それはますます活気を失っていく。完全に注意が払われないと、思考は生気を失う――死んで、たちまち消えてゆく。

だから私は、あなたの注意をすべて聴くことに注ぎなさいと言っているのだ。断固として決意しなさい――鳥のかすかな声でさえ、聞き逃してはならない、聞きもらしてはならないと。すべてを聴きなさい、何であれまわりで起こっていること――そのすべてを聴く。すると突然、マインドが深い静寂に入り、思考が消えつつあることに気づくだろう。

身体をリラックスさせる――あなたはこれだけすればいい。昨日、私はまずマインドを緊張させせなさいと言ったが、たぶんあなたは誤解しただろう。マインドをリラックスさせなさい。緊張させてはいけない。それは不要だ——マインドを緊張させるという考えに取りつかれたら、それ自体が問題になる。だから、その考えは捨てなさい。それは瞑想の一部ではない。私がそうしなさいと言ったのは、緊張したマインドとリラックスしたマインドがどんなものか、あなたが理解できるようにと思ってのことだ。この考えについて思い悩む必要はない。それは捨ててしまいなさい。そして、いまはリラックスしなさい。マインドをリラックスさせる。あなたの脳の緊張した組織や神経を、すべてリラックスさせる。要点はリラックスさせることだ。マインドを緊張させる技を学ぶことが問題ではない。マインドを緊張させ続ける技は忘れることだ。私がその話をしたのは、マインドが緊張している状態とリラックスしている状態の対比を、あなたが理解できるようにと思ってのことだ。いまは、理解できないことをすべて捨てなさい。ただ、単純にそれをリラックスさせなさい。

では、みなお互いに距離をとって座ること。他の人に触れないように。前のスペースを使いなさい。こちらからうしろまで広がって、誰も他の人に触れないようにしなさい。

身体を完全にリラックスさせ、次にゆっくり目を閉じなさい。目がまったく緊張しないように、柔らかく閉じるといい。きつく閉じないこと。さもないと目は緊張を感じてしまう。目の筋肉はマインドと密接な関係があるから、完全にリラックスさせなさい。幼い子供たちがするのと同じように、瞼《まぶた》を閉じる。ゆっくり、力を抜いて、瞼を閉じる。次に、顔と頭の筋肉をすべてリラックスさせる。幼い子供の顔を見たことがあるだろう。どこまでもリラックスしていて、緊張がない。あなたの顔もそのようにしなさい――完全にリラックスして、緊張がないように。身体もリラックスさせなさい。すべてをリラックスさせた瞬間、呼吸はひとりでにゆったりとし、静かになるだろう。

そうしたら、ひとつのことだけしなさい――まわりからやって来るすべての音に、静かに耳を傾ける。カラスが音をたて、鳥が音をたて、子供が通りで喋っているだろう――それらに静かに耳を傾けなさい。ひたすら耳を傾け、耳を傾け、耳を傾け続ける。すると、内側ではすべてが静寂になるだろう。

耳を傾けなさい――十分間、静かに耳を傾ける。すべての注意を聴くことに向けなさい。

ただ耳を傾け、他のことはいっさいしない。

耳を傾けなさい……鳥たちは歌い、風は木々を揺らしている――どんな音がやって来ようと、静かにそれを聴きなさい。

耳を傾けなさい……すると次第に、あなたのなかで沈黙のハミングが始まる。

マインドは静寂になっていく。耳を傾け、耳を傾け続けなさい。マインドは静寂になっていく。

マインドは静寂になっていく……マインドは静寂になっていく……

マインドは静寂になった、マインドは完全に静寂になった。内側には深い静寂が存在している。

それに耳を傾けなさい、ただ耳を傾ける。耳を傾けなさい……すると次第にマインドは静寂になる。

マインドは静寂になっていく、マインドは静寂になっていく、マインドは静寂になっていく。耳を傾け、耳を傾け続けなさい、マインドは完全な静寂に入っていく……。

第五章　真の知識

THE TRUE KNOWLEDG

親愛なる人たちへ

人間のマインドの状態は、騒がしいミツバチの巣のようだ。思考、思考、思考が、ブンブン音をたてながら駆け巡っている。人はこれらの思考に取り巻かれ、不安や緊張や心配事を抱えながら生きている。生というものを認識し、知るには、マインドはさざ波ひとつない湖のように静寂でないといけない。生というものを深く知るには、マインドは塵ひとつない鏡のように澄んでいなければならない。

あなたのマインドは、ミツバチの巣のようだ——鏡でもないし、静かな湖のようでもない。そのようなマインドで何かを理解し、何かを達成し、何かになれると思うなら、それは大きな間違いだ。この絶え間ない思考の流れから自由になること——是非ともそれが必要だ。

駆け巡る思考、思考、思考を抱えているのは、健全なしるしではない。それはマインドが病んでいるしるしだ。マインドが完全に純粋で澄んでおり、マインドが健全であるなら、思考は消える。意識は残るが、思考は消える。マインドが病んでいて不健康だと、意識は消え、渦巻く思考だけが残る。あなたは、その渦巻く思考のなかで生きている。朝から夜まで、夜から朝まで、生まれてから死ぬまで、渦巻く思考のなかで生きている。

どうしたら、この渦巻く思考から自由になれるのだろう？　今朝、私はこのことについていくつか話をしたが、私の話に関して二、三の質問があった。これからその質問に答えていこう。

まずひとつ、思考から自由になることは第二のステップであり、第一のステップは、渦巻く思考を始めから生み出さないことだ。一方で思考を集め続け、もう一方で思考から自由になろうとして、どうしてうまくいくだろう？　木の葉を取り除きたいと思いながら、木の根に水を与え続けているとしたら、どうして木の葉を取り除けるだろう？　あなたは根に水を与えているが、根と葉が関連していること――深い関係があることに気づいていないようだ。根と葉は別のものに見えるが、葉は根につながっている。根に与えられた水は、ずっと上の葉まで届く。

つまり、あなたは多くの思考を集め、その根に水を与えておきながら、その思考のせいでマインドが不安定で混乱していると感じると、思考を静める方法を見つけたいと思う。しかし、木が葉を茂らせないようにするには、根に水を与えることをやめなければならない。自分がいかに思考という根に水を与えているかを理解すること。理解したら、あなたはやめるだろう。すると、まもなく葉は枯れていく。

あなたは、どうやって思考に水を与えているのだろう？

他人の思考を蓄積していけば知識を得られる――人は何千年ものあいだ、そうした幻想を抱いてきた。これは完全に偽りであり、間違いだ。他人の思考を蓄積すれば、知識を得られるわけではない。知識は内側から訪れ、思考は外側から訪れる。知識はあなたのものであり、思考は常に他人からのもの、常に借り物だ。知識はあなた自身の実存の鼓動であり、あなたの内側に隠れていたものの発露だ。思考は他人が言ったことの寄せ集め——それは、ギータやコーランやバイブルから、あるいは教師や宗教的指導者たちから集めることができる。

何であれ他人から得たものは、自分の知識にはならない。それは自分の無知を隠す方法や手段となる。そして無知を隠すなら、決して知識には至れない。なぜなら、これは自分の知識だと思うため、あなたは実存全体でそれに執着するからだ。あなたは自分の思考に執着し、それを捨てる勇気を持たない。あなたがそれを支えにするのは、それは自分の知識であり、それを失ったら無知になると思うからだ。しかしいいかね、どれほど自分の思考に執着しても、そうした思考によって知者になることはない。

井戸を掘るときは、まず土や石を取り除く。すると井戸の側面から水がしみ出してきて、井戸を満たす。水はすでにそこにあった。どこか他の場所から持ってくる必要はなかった。石や土の層をいくらか取り除くだけでよかったのだ。そこには邪魔な物や障害物があったが、ひとたびそれが取り除かれると、水が現われた。井戸に水を運ぶ必要はなかった、水はすでにそこにあった——ただ、邪魔な物を取り除けばよかったのだ。

知識はすでに内在している。どこか他から獲得する必要はない。その泉は内側に隠れている。中間にある障害物、つまり石や土を掘って取り除けばいいだけだ。すると知識の泉は、姿を現わし始めるだろう。

しかし、ある人は井戸をつくり、ある人は池をつくる。池をつくるのはまた話が別だ。池をつくるのに天然の水源を探す必要はない。池のつくり方は、井戸のつくり方とはまったく正反対だ。池をつくるには、石や土を掘り起こさなくてもいい。他の場所からそれを持ってきて、それで壁をつくればいい。しかし壁が築かれても、水がひとりでにやって来るわけではない。他の人の井戸から水を引き、池に入れる必要がある。表面的には、池は井戸という幻想を与える。それは井戸のように見える。池にも水が見えるし、井戸にも水が見える。しかし池と井戸には、天と地ほどの違いがある。第一の違いは、池には自分自身の水がないという点だ。

この世のどんな渇きも、自分自身以外のものによって癒されることはない。池にあるのはすべて借り物だ――それはすぐに古くなって淀む。借り物は生気がなく、死んでいるからだ。池に溜まっている水は淀み、腐り、まもなく悪臭を放ち始める。

しかし、井戸には自分自身の水源がある。その水は、決して淀むことがない。井戸には、自分自身の溢れ出す源がある。

池と井戸では、ふたつの異なるプロセスが起こっている。池は、誰かが水を持っていってしまうのを恐れる。水がなくなれば、空っぽになるからだ。そして井戸は、誰かが水を持っていってくれるのを望んでいる。そうすれば、もっと新鮮な水で井戸を満たすことができる——新鮮で、もっと生き生きと。井戸は叫んでいる、「私の水を取っておくれ、私は分かち合いたい」。そして池は叫んでいる、「あっちへ行け。私の水に触れるな。私の水を取るんじゃない！」。池は、水を持ってきて注いでくれる人を求めている。そうすれば富が増える。一方、バケツを持っている人がいたら、井戸はその人に自分の水をいくらか取ってほしいと願う。そうすれば古い水を取り除き、新しい水を得ることができる。井戸は分かち合いたいと思い、池は蓄えたいと思う。井戸には大海につながる水脈がある。井戸は小さく見えるが、内側の深いところでは無限なるものとつながっている。そして、どれほど大きく見えようとも、池は誰とも関わり合いがない——池はそれ自体で完結しており、閉ざされている。水脈を持たず、無限なるものとつながるすべを持っていない。

池のところに行って大海の話をしたら、池は笑って言うだろう、「大海なんてものはないよ。すべては池だ。大海なんてどこにもない」。池は大海をまったく知らない。

一方、誰かが井戸のすばらしさを褒めたら、井戸は思うだろう、「どれが私のものだというのでしょう？　すべては大海からやって来ます。私は何だというのでしょう？　何であれ私のところにやって来るものは、はるか遠いところで別の何かとつながっているのです」。井戸は「私」というものを持てないし、「私は在る」という感覚も持てない。しかし池にはエゴがあり、「私は在る」という感覚がある。そしておもしろいことに、井戸は広大で、池は狭小だ——井戸には自分の富があるが、池は自分の富を持たない。

人のマインドは、井戸にも池にもなり得る。人のマインドがいかに成長していくかは、このふたつの可能性しかない。そしてマインドが池になった人は、次第に狂っていく。


あなたがたのマインドは、どれも池になってしまった。あなたは井戸をつくらず、池をつくってきた。あなたは世界中から物を集めている——本から、経典から、教えから——それらを集め尽くし、自分は博学になったと思っている。あなたは池と同じ間違いを犯してきた。池は自分を井戸だと思った。そうした幻想が生まれるのは、両方に水が見えるからだ。

あなたは、学者や教師や意識的な人のなかに知識を認めるだろう。しかし学者は池で、意識的な人は井戸だ。両者には大きな違いがある。この違いがいかに根本的で、いかに深いか、あなたには想像もつかないだろう。学者の知識は借り物で、古ぼけて、腐っている。世の中で起こる問題は、学者の知識のせいだ。ヒンドゥー教徒とイスラム教徒の争いは、誰の争いか——それは学者たちの争いだ。ジャイナ教徒とヒンドゥー教徒の対立は、学者間の対立だ。それは学者たちの対立——腐った、借り物の、古ぼけたマインドの対立だ。

世界中で起こってきた問題は、すべて池になってしまったマインドのせいだ。そうでなければ、世の中には何の宗派にも属さない人びとがいるだけだ——誰もキリスト教徒や、ヒンドゥー教徒や、イスラム教徒や、ジャイナ教徒ではない。これらは池のラベルにすぎない。池は自分にラベルを付ける。それは、池に水を引いた井戸のラベルだ――ある人はギータから水を引いたからヒンドゥー教徒で、ある人はコーランから水を引いたからイスラム教徒というわけだ。

意識の人は、余所《よそ》から水をもらわない。水は彼の内側からやって来る。水は存在からやって来るから、彼はヒンドゥー教徒でも、イスラム教徒でも、キリスト教徒でもない。意識の人は、どの宗派にも属さない。しかし学者は、宗派なしではいられない。学者は、常にある宗派に属している。

あなたは、自分のマインドを古ぼけた借り物にしてしまった――そして、それに執着している。私が言ったように池は叫ぶ、「私の水を取るな！　水がなくなったら、私は空っぽになってしまう。私のなかには何も残らない。私の富は借り物だから、誰にも奪われてはならないのだ」

いいかね、使うと減る富は、いずれも借り物であり偽りだ。そして、使うと増える富は本物だ。分かち合いによって尽き果てる富は、富とは言えない。それは蓄積にすぎない。分かち合いによって増える富こそ、真の富だ。したがって富の本質とは、分かち合うと増えるということだ。分かち合って減るとしたら、富ではない。そしてまた、分かち合って自分の富が失われるのを恐れる者は、自分の富をとても大事にするに違いない。だから借り物の富は、すべて問題がある。なぜなら、それは決して本物ではないし、失われるのを恐れて、あなたはさらに強く執着するからだ。

あなたは自分の思考に強く執着し、それを自分の命よりも大切にしている。あなたのマインドに蓄積されたこのゴミは、いずれもたまたまそこに行き着いたわけではない。あなたがその準備をし、それを集め、大切にしているのだ。

だから、思考を蓄積すれば知識が生じると思うなら、あなたは決して思考から自由になれない。どうして自由になれるだろう？　それは、根に水を与えながら葉を刈っているようなものだ――そんなことはあり得ない。

そこで、まず理解すべき基本的な点は――知識とあなたが行なっている思考の蓄積は、ふたつの異なるものであるということだ。他人から得たり借りたりした思考は、知識ではない。別の源泉から取ってきた思考によって、真理や自己に導かれることはない。この知識は偽りであり、見せかけの知識だ。それは、知識に到達したという幻想を生み出す。しかし実際には、何もわかっておらず、あなたは無知のままだ。

この状況は、こんなことと同じだ――ある人が泳ぎに関する本を何冊も読んで学習し、泳ぎについて講義をし、あるいは本を書けるぐらいになった。しかし彼が押されて川に落ちると、泳げないことが判明する。彼は本を読み、泳ぎのすべてを学び、あらゆる理論を知っているが、実際には泳げない。


ナスルディンという名の、イスラム教の行者《ファキール》がいた。ある時、川を渡る船に乗りながら、彼は船頭とお喋りをしていた。ナスルディンは、とても物知りだと思われていた。他人の無知を証明するチャンスを得たら、物知りは決してそれを逃しはしない。ナスルディンは船頭に尋ねた、「君は読み方を知っているか?」

船頭は言った、「いいえ、話し方なら知ってますがね。読み書きはまったく知りません」

ナスルディンは言った、「君の一生の四分の一は、無益に失われてしまった。というのも、読み方を知らないとしたら、君は人生において、どうやって知識に到達できる? 愚かなやつだ! 読めないとしたら、どうやって知識に到達できるんだ?」。しかし、船頭は静かに笑い始めた……。

そして、もう少し進むとナスルディンは尋ねた、「君は数学を知っているか?」

船頭は言った、「いいや、数学なんてまったく知りません。自分の指を数えるだけですよ」

ナスルディンは言った、「君の一生のさらに四分の一が、無益に失われてしまった。数学を知らず、計算すらできない者は、充分に稼げないぞ。どうして稼げるもんか? 稼ぐには、計算の仕方を知らないといかん。だが、君は何を稼げるだろう? 君の一生の半分は無駄になってしまった」

すると嵐が――ハリケーンが巻き起こり、舟はひっくり返って沈んでしまった。

船頭は尋ねた、「あんた泳げるか?」

ナスルディンは泣き叫んだ、「いや、泳げない!」

船頭は叫んだ、「あんたの一生は、すっかり無駄になっちまったな。俺は行くよ。俺は数学のやり方も知らないし、言葉の読み方も知らない。でも、泳ぎ方なら知っている。じゃあ、あんたを残して俺は行くよ。あんたの一生は、すっかり無駄になっちまったな」

生には、自分だけにしかわからない真実がある。それらは、本や経典によってはわからない。魂の真実、存在の真実は、自分によってしかわからない――他に方法はない。

こうした経典に書かれたこと――私たちはそれを読み、理解し、記憶し、覚え、それについて他人に語ることもできる。しかしそれによっては、いかなる知識にも到達できない。事実や他人の意見の集積は、知識の証《あか》しではない。それは単に無知の証しにすぎない。意識の人、目覚めた人は、この「知識」のすべてから自由になっている。彼がどこかの知識をさらに集めることはあり得ない――彼は自分自身を知っている。その自己知によって、マインドは騒がしいミツバチの巣ではなく、鏡もしくは静かな湖となっている。

あなたのマインドは、自分で育ててきた思考が、ぶんぶん音をたてて駆け巡る巣箱だ。あなたは、それらの思考が知識だと思っている。あなたは、それらに自宅のスペースを与え、住まわせている。あなたは自分のマインドを宿屋にしている――やって来た人は、誰でもそこに泊まれる。知識という服を着てさえいれば――そうすれば泊まる資格がある。そして宿屋の群集があまりに増えて大勢になったので、この群集のマスターを決めることさえ難しくなってしまった。客人はさんざん騒いでおり、いちばん大声で叫んでいる者がマスターになる――そしてあなたは、本当のマスターは誰であるかを知らない。それぞれの思考が大声で、我こそマスターだと叫んでいる。そのため、このごったがえす宿屋では、真のマスターは誰なのか、わからなくなってしまった。

立ち去りたいと思う思考はひとつもない。滞在してくださいと招いた人を、どうして帰せるだろう？　客人を招くのは簡単だが、追い払うのはそう簡単なことではない。何千年にもわたって、こうした客人たちが人間のマインドに寄り集まっている。そして私が、「今日、彼らに別れを告げてごらん」と言ったとしても、あなたは簡単に彼らを追い払えないだろう。

だが、自分の幻想の本質を理解するなら、追い払うことは可能だ。それらを知識とみなす幻想のせいで、あなたはこうした思考を大切にしてきた。そこでまず、他人から借りてきた知識はすべて無益であると理解することだ。このことがはっきりしたら、あなたは思考や観念の収集を、まさにその根元から断ち切り、その根に水を与えることをやめる。

老賢者が彼の若い僧侶のひとりと共に、ジャングルのなかを通っていた。日は暮れ、あたりは暗くなり始めていた。老賢者は若い僧侶に尋ねた、「なあ、この道づたいに危険はないだろうか？この道は深い森を通ってのびている。そして、あたりは暗くなってきている。怖くはないか？」

若い僧侶はとても驚いた。なぜなら、怖いかなどという質問が探求者《サニヤシン》の口から発せられるべきではなかったからだ。夜が暗くても明るくても、そこが森であろうと市場であろうと、サニヤシンが怖気づくとは驚きだった。しかも、この老人は怖気づいたことがなかった。今日はどうしたのだろう？　なぜ彼は恐れるのか？　何かが変だった。

少し先に進むと、夜はさらに深まっていった。老人は再び尋ねた、「心配ないだろうか？　次の町にはすぐ着くだろうか？　どのくらい先だろう？」。そして、彼らは近くの井戸に立ち寄り、手と顔を洗った。老人は肩にかけていた袋を若い僧侶に渡して言った、「これを大事にしておくんだ」

若者は思った、「きっと袋のなかに何かあるに違いない。さもなければ恐れたり、袋を大事にしたりしないだろう」

サニヤシンにとっては、何かを大事にすることさえ奇妙なことだった。だとしたら、サニヤシンになる意味がない。なぜなら、大切にする物がある人は在家の人間だからだ。サニヤシンは、何を大切にする必要があるだろう？

老人は顔を洗い始めた。そこで若者は袋に手を入れ、袋に金塊が入っているのを見た。それで恐れの原因がわかった。彼は金塊を森へ放り投げ、同じ重さの石を袋に詰めた。老人は顔を洗うとすぐに戻ってきて、いそいそと袋を手に取り、触ったり重さを確かめたりしてから袋を肩にかけ、再び歩き始めた。

そうして少しばかり歩くと彼は言った、「とても暗くなってきた。道を忘れてしまったかな？危険はないだろうか？」

若者は言った、「怖がることはありません。私は恐れを投げ捨ててしまいましたよ」

老賢者はショックを受けた。すぐに袋を覗き込むと、なかには金の代わりに石があった。彼は一瞬、茫然と立ち尽くしていたが、やがて笑い出して言った、「私は愚か者だった。石を運んでいたのに、金塊と思い込んでいたから恐れていたのだ」。石を運んでいたことに気づくと、彼はそれを投げ捨て、若い僧侶に言った、「今晩はここに寝るとしよう。暗闇のなかで道を見つけるのは難しいからな」。その晩、彼らは森で安らかに眠った。

自分の思考や観念を金塊だと思うなら、あなたはそれをとても大事にし、強い執着を持ち続けるだろう。しかし、私はあなたに言いたい――それは金塊ではなく、ただの重い石なのだと。あなたが知識だと思っているものは、まったく知識などではない。それは金ではなく、完全に石だ。

他人から得た知識は、ただの石にすぎない。自分の内側から訪れた知識こそ金だ。袋に石を入れて運んでいたことがわかる日、それは問題が終わる日だ。そうなれば、石を投げ捨てるのは難しいことではない。

ゴミを投げ捨てるのは難しくない。だが、黄金を投げ捨てるのは難しい。自分の思考を知識だと思っているかぎり、あなたはそれを投げ捨てられないし、マインドには問題が尽きないだろう。あなたはマインドを静めるために、数限りない方法を試みるかもしれないが、どれも効き目はない。奥深いところで、あなたは思考の存続を望んでいる。なぜなら、それを知識だと思っているからだ。生におけるもっとも大きな困難は、何もないところに何かがあると勘違いすることから生じる。すると、ありとあらゆる問題が湧き起こる。石を金の延べ棒と思えば、問題が始まる。石が石だと気づいたら、問題はおしまいだ。

つまり、あなたの思考という宝は、真の宝ではない――この事実を理解することが肝心だ。しかし、どうやって理解したらいいのだろう？　私がそう言うから、あなたは理解するのだろうか？

私がそう言うから理解するとしたら、この理解は借り物であり、無益だ。私がそう言うからといって、あなたがそれを理解することはできない――あなたは自分で見て、探求し、認識するべきだ。

もし若い僧侶が老人に、「歩き続けなさい。心配する必要はありません。あなたの袋のなかにあるのは石です。金ではないんですよ」と言ったとしても――老人が自分の目でこの事実を見るまでは、依然として何の違いも生まれない。若者が率直に話したとしたら、老人は信じなかっただろう。彼はただ若者のことを笑い、あいつは若僧で無知だ、何も知らないと思っただろう。あるいは彼を信頼し、彼の言葉を受け容れたかもしれない。しかし、彼の受け容れた行為は偽りだっただろう――内側の深いところで、彼は依然として金塊の安全を守るという思いに執着していただろう。それを自分自身で見てはじめて、違いは生まれるのだ。

だから自分のマインドという袋を覗き込み、知識だと思っているものが本当に知識なのか、あるいはゴミを集めただけなのかを理解することだ。あなたはギータの経文を、ヴェーダの声明を、マハヴィーラや仏陀の言葉を集め、それらを絶えず反芻し、考察し、意味付けをしてきた。あなたはそれらに関する解説を読んだり書いたり、お互いに議論し続けている。途方もない狂気の沙汰が、繰り広げられてきた。

真の知識は、こうした狂気の沙汰とは無関係だ。こうしたものからは、あなたの生に炎や光は生まれない。

このゴミを集めることで、あなたはこんな幻想を生み出すだろう――私は非常に豊かな知識に到達した、私は偉大なマスターだ、私は実に多くを手にしている、私の貯蔵庫は満杯だ。そしてそのように生きて、あなたは生を台なしにする。

若い僧侶が、とある僧院に滞在していた。彼は老賢者の臨在のもとで座るためにやって来たのだが、数日もたたぬうちに、彼はこの老人が何も知らないことを察した。同じことを毎日のように聞いて、彼はうんざりしてしまった。彼はこの僧院を出て、別のマスターを求めて余所を探そうと思った。ここは彼の場所ではなかった。

しかし彼が発とうとした日、別の僧侶が僧院を訪れた。その晩、僧院の住人たちは集まって、さまざまなことを話した。新参の僧侶は見識ゆたかで、実に鋭敏で理解力があり、たいそうな深みと熱意があった。若い僧侶は、これこそマスターのあるべき姿だと思った。二時間のうちに、新参の僧侶は全員を魅了してしまった。若い僧侶は思った、老マスターはいたく苦痛を味わい、意気消沈しているに違いない――彼は年老いているのに何も習得していないが、この新参の人物は実に多くを知っていると。

二時間たって話を終えると、客人である僧侶は老マスターの方を見て尋ねた、「私の話はいかがでしたか?」

老人は言った、「私の話だって?　君は話をしていたが、何ひとつ自分自身のものではなかったよ。私は、君が何か言うと思って一心に耳を傾けていていたが、君は何も言わなかった」

客人である僧侶は答えた、「話していたのが私でないのなら、この二時間話していたのは誰なのです？」

老人は言った、「私の正直な本音の意見をお望みなら、本や経典が君のなかから話をしていたのだ。しかし、君はまったく話をしていなかった。君は一言も話さなかったよ。集めてきたものを、何くれとなく放り出し、吐き出していたのだ。吐き出しているものだから、私は君が重病人なのではないかと心配したよ。君は腹のなかに集めてきたものを、二時間にわたってすべて吐き出し続けていた。そして、部屋全体を汚物と悪臭で満たしたのだ。私は、知識の香りをこれっぽっちも感じなかった。というのも、外から取ってきて再び外に放り出すものは、必ずや嘔吐の悪臭を放つことになるからだ。君は自分では何も言わなかった——一言たりとも、自分自身の言葉ではなかったのだ」

老賢者の話を聞いたのち、僧院を去りたいと思っていた若い僧侶は留まることに決めた。その日はじめて、彼は違う種類の知識があることに気づいたのだ。

ひとつのタイプの知識は、外側から集めたもの。そしてもうひとつのタイプ、すなわち知は、内側から生じるものだ。何であれ外側から集めたものは束縛になり、私たちを解き放ってくれない。私たちは、内側から訪れるものによって解き放たれる。

だから内側を見るにあたっての第一点は、自分は本当に知っていることを知っているかということだ。自分が知っているひとつひとつの思考、ひとつひとつの言葉を疑う必要がある——自分は本当にそれを知っているのだろうか？　そして答が「私は知らない」だとしたら、あなたの生における金塊はすべて、次第に石へと変わるだろう。世間の人たち全員を騙すことはできても、自分自身を欺くことはできない。

誰も自分のことは欺けない。何であれ、知らないことは知らないのだ。私があなたに「真理を知っているかね？」と尋ね、あなたが頷いて「はい、知っています」と言うとしたら、あなたは本心を語っていない。内側で自問することだ、「私は真理を知っているのだろうか、それとも聞いたことを受け容れているだけなのだろうか？　もし知らないとしたら、この真理は一文の価値もない。どうして自分の知らないことで、自分の人生を変えられるだろう？　自分の知っている真理こそが、自分の人生の革命となる。自分の知らない真理は、一文の価値もない。それは偽りだ。しかも、それは真理などではない。すべて借り物だ。私の人生を何ひとつ変えないだろう」

それはこんなことだ——私があなたに「自分の魂について知っているかね？」と尋ねると、あなたは「ええ、知っています。それについて本で読んだことがあるし、寺院で教えを説いている僧侶から、魂は存在すると教わりましたから」と答える。人は教わったことを鸚鵡《オウム》のように何でも暗記する。しかし、この暗記することと知ることは無関係だ。あなたがヒンドゥー教徒の家庭に生まれたら、あなたはあるタイプの鸚鵡になる。ジャイナ教徒の家庭に生まれたら、また別のタイプの鸚鵡になる。イスラム教徒の家庭に生まれたら、第三のタイプの鸚鵡になる――しかしどの状況にせよ、あなたは鸚鵡になる。

あなたは、教わったことを何でも一生繰り返し続ける。そしてまわりには大勢の鸚鵡がいるから、誰も異議を唱えないし、誰も議論をしない。他の鸚鵡たちも頷く――「あなたはまったく正しい」と。なぜなら、彼らもあなたと同じことを学んできたからだ。宗教集会で宗教指導者たちが教えを説く。すると誰もが頷き、まったくそのとおりだと同意する。それは宗教指導者が学んできたことを、人びとも学んできたからだ。そして双方がそこに座って、自分たちもそれを学んできたと思っている。誰もが頷き、「そうだ、言っていることはまったく正しい。同じことが私たちの本にも書かれている。私たちも同じことを読んだことがある」と同意する。

知識に関しては、人類全体が欺かれてきた。この欺瞞は、人類に対する陰謀だ。この知識というものは一掃され、投げ捨てられるべきだ――そうしてはじめて、あなたは知というものに開くことができる。その知の光のなかで存在が体験され、魂の炎が見えるだろう。これは、偽りの知識では不可能だ。偽りの知識は、まったく光ではない。家は暗く、ランプは灯されていない――なのに人びとは、ランプが灯されていると互いに固く信じ合い、互いに説明し合っている。そして、そう言われるのを繰り返し聞いて、あなたまでランプは灯されていると言い始めている。なぜなら内側のどこかに恐れがあるからだ――灯されたランプが見えないなら、おまえは地獄行きだと言われてしまうと。人びとは、灯されたランプが見えると言う。だからあなたも、次第にそれを見始める。

昔、偉大な王がいた。ある朝、謎めいた流浪者がやって来て彼に言った、「いまや、あなたは全世界を征服されました。ですから人間の服は、あなたにふさわしくありません。あなたに神の服を持ってまいりましょう」。王は欲が出た。彼の理性は「どうして神が服なんか持っているだろう？」と言っていた。理性は、いかなる神の存在にも懐疑的だった。だが、彼には欲があった――たぶんどこかに神がいるのだろう、もしその服をもらったら、この地球で、人類史上で、自分ははじめて神の服を着た人間になると思ったのだ。それに、どうやってこの男が自分を騙せるだろう？　彼は偉大な皇帝だった。眠っている金は数十億、数兆もあった。この男が数千ルピーの金を要求したところで、問題はなかった。彼は男に尋ねた、「よし、それでいくらなんだ？」

男は言った、「少なくとも、一千万ルピーはかかりますね。神のところに辿り着くために、多額の賄賂を払わないといけませんから。賄賂を取るのは人間だけじゃありません――神たちも実に巧妙で、賄賂を取るんですよ。それに、人間は少額でも『よし』と言ってくれます――人間は貧しいですからね。でも神は少額だと『よし』と言ってくれないんです。彼らは、札束がごっそりあってはじめて目を向けてくれます。さもないと見向きもしません。だから、これは困難なことなのです。最低でも一千万ルピーは必要ですね」

王は言った、「よし、いいだろう。だがよいか、私を騙したら命はないぞ。今日からお前の家のまわりに、武器を持った見張りをつけよう」

　男は一千万ルピーをもらい、彼の家には見張りがついた。近所の人びとはみな驚き、仰天した。そんなことは信じられなかった。「どこに神がいるというのだろう？　どこに天国があるというのだろう？　この男はどこにも行き来している様子はないが」。彼は家のなかにいて、「六ヶ月後に、神の服をお見せしよう」と全員に告げた。誰もが怪しんだ。しかし王は気にしなかった。というのも、男は抜き身の刀で見張られていたからだ。男は逃げることも、欺くこともできなかった。

　しかし、その男は王よりもずっと頭がよかった。六ヶ月後、彼はとても美しい箱を持って家から出てくると、兵士たちに言った。「宮殿へ行こう。今日がその日だ——服が届いた」

　主だった者たち全員が集まった。遠くの王や皇帝たちも見物をしに集まった。盛大な式典が行なわれた。男は箱を携えて宮廷にやって来た。疑う理由は何もなかった。彼は箱を持ってくると下に置いた。彼は箱の蓋を開け、手をなかに入れ、何も持たない手を取り出して王に言った、「このターバンをお取りください」。王は見て言った、「ターバンなど見えぬぞ。おまえの手は空っぽではないか」

　すかさず男は言った、「ひとつ思い出してください。神は言っています——実の父親から生まれた者だけが、ターバンと服を見ることができると。さて、ターバンが見えますかな？」

　王は言った、「もちろん見える」

　そこにはターバンなどなく、男の手は空っぽだった——しかし、廷臣たちはみな拍手を始めた。

彼らにもターバンは見えなかったが、全員が言い始めた、「あんな美しいターバンは見たことがない。実に美しく、珍しく、すばらしいターバンだ。あんなターバンを見た人は、これまでいなかっただろう」

ターバンは実に美しいと廷臣たち全員が言い始め、王は窮地に立たされた。すると男は言った、「さて、ではターバンを外して、こちらをお召しください」

王は自分のターバンを解き、存在しないターバンを身につけた。ターバンだけならまだよかったが、すぐに王は実に困ったことになった。まず、彼のコートが脱がされ、次にシャツが、そしてついには最後の服まで脱がなければならなかった。もはや王は裸だった。しかし廷臣たちは叫んでいた、「何と美しい服だろう！　すばらしい！　あんな服は見たこともない」。自分が実の父親から生まれたかどうかを疑われる場合にそなえて、どの廷臣も大声でそう言わなくてはならなかった。

そして、集まった全員が服について叫んでいるので、誰もが思った――自分の目はどこか変なのではないか、あるいはこれまで自分の父親に関して間違いがあったのではないかと。「他の人がみな服のことを叫んでいるなら、彼らは正しいに違いない。こんなに多くの人びとが間違っているはずはない。多数派はこんなにいる。誰もが同じことを言っているなら、それは正しいに違いない」。これが民主主義だ――誰もが合意している――「こんなに多くの人が合意しているなら、全員が間違っていることはあり得ない」。だから誰もが思った――間違っているのは自分だけだ、もし黙っていたら見えないのだと思われてしまう。

王は恐れた——最後の服を脱ぐべきか否か？　彼は一方で宮廷の者たち全員に裸を見られることを恐れ、もう一方で自分が実の父親の子でないと世間に知られることを恐れた。こうして、さらに厄介なことになってしまった。まるで、悪魔から逃れて青い海の底へ行くようなものだった！　そして最終的には、裸になるのを受け容れる方がよさそうだった。少なくとも父親の名声は保てるし、自分の王朝の名誉も傷つかずに済む。彼は思った、「人びとが見るのは、せいぜい私の裸だけだ——だから何だというんだ？　それに、誰もが服に喝采を送るのなら、彼らが正しいのだろう。服は本当にそこにあって、私に見えないだけなのだ」。そして、不要な厄介事を避けるために、彼は最後の服を脱ぎ捨て、裸で立った。

すると男は言った、「おお、王様！　神の服がはじめて地上に降り立ちました。行列をつくり、馬車に乗って町を巡るべきです」。王は本当に恐れた。しかし、もはや為すすべはなかった。

最初に間違いを犯すと、あとになってやめたり引き返したりするのは困難になるものだ。最初の段階で正直でなかったら、次の段階でもますます偽善的になり続ける。どこで引き返したらいいのか、理解するのも難しくなる。なぜならそれぞれの段階は、他のさまざまな段階とつながっているからだ。

こうして、王は困ったことになってしまった。彼は拒否できなかった。彼は行列の馬車のなかに連れていかれた……。あなたもそこにいたかもしれない。なにしろ、その町には大勢の人たちがいたのだから。誰もが行列を見物した。あなたもそこにいて、服を賞賛したかもしれない。誰もチャンスを逃したいと思わなかった。人びとはみな大声で服を褒め、実に美しいと言っていた。群集のなかで、父親に肩車されていた子供だけが言った、「父さん、王様は裸みたいだよ」父親は言った、「馬鹿、静かにするんだ！　お前は幼くて経験がない。お前も経験を積めば、服が見えるようになるだろう。私には服が見えるぞ」

ときどき子供は真実を口にする。だが、年老いた人びとはそれを信用しない。というのも、年老いた人びとはもっと経験を積んでいるからだ。そして、経験というのは非常に危険なものだ。経験があるから父親は言った、「静かにしな！　お前も経験を積めば服が見えるようになるだろう。私たちはみな見ることができる――お前は私たち全員が狂ったとでも思うかね？」

ときどき子供は言う、「銅像のなかに神さまなんて見えないよ」。すると老人たちは言う、「静かにしなさい！　私たちには神が見える。ラムがそこに立っているじゃないか。お前も経験を積めば、見るようになるだろう」

人は集合的な欺瞞に捕われている。そして誰もが同じ欺瞞に捕われたら、理解は難しくなる。あなたは知識という衣服――あなたが衣服だと思ってきたもの――が、本当に衣服なのかを知る必要がある。それとも、あなたは目に見えない服を着て、裸で立っているのだろうか？　自分の思考のひとつひとつを、この基準に照らしてみることだ――「私はこれを知っているのだろうか？」。

知らないとしたら、偽りの知識にしがみ続けるよりも、地獄へ行く覚悟をした方がいい。

真正であることの第一条件は、何であれ知らないことは知らないと言うことだ——さもなければ、それは偽善の始まりになる。たいてい、私たちは大きな欺瞞に気づかず、小さな欺瞞にばかり気づく。何ルピーか騙されたら、あなたはそれに気づく。しかし、人が石像の前で手を組んで立ち、「おお神よ、おお主よ」と言っていたら……像は石でつくられており、あなたはそこに神も主もいないことを重々承知している。それでも、その人は真正で宗教的であるように映るかもしれない。世間で彼よりやり手の詐欺師や偽善者を見つけるのは難しいだろう。彼は完全に見かけとは違うことをしている。彼は完全に偽りを言っており、自分の内側では何も感じていない。しかし彼は、自分が何を言っているのか、何をしているのかを理解するだけの勇気を奮い起こすことができない。

宗教的な人とは、自分の知っていること、知らないことを認識している人だ。この認識は、宗教的な人間になるための第一ステップだ。宗教的な人は、私は神や魂を知っている、天国や地獄を見たことがある、などと言う人ではない。宗教的な人は、私は何も知らない、私は完全に無知だと言う人だ——「私には知識がない。自分自身のことさえ知らない。だから、どうして私が存在を知っていると言えるだろう？　私は家の前にある石のことさえ知らないのだ。どうして私が神性を知っていると言えるだろう？　生は実に神秘的で、未知なるものだ。私は何も知らない。私は完全に無知だ」

無知になる勇気を持っていたら、自分が無知であることを認める勇気を持っていたら、あなたは思考に巻き込まれることから自由になる道に向けて、スタートを切ることができる。さもなければ、始めることとすらできない。だから、ひとつ理解することだ——あなたはとても無知であり、何も知らない。知っているように思えることはどれも完全に偽りで、借り物で、陳腐だ。それは池のようであり、井戸のようではない。自分の人生に井戸をつくりたいなら、是非とも池という幻想から自由になることだ。

さて質問だ——あなたの技法は、J・クリシュナムルティのものと非常によく似ています。彼のことをどう思いますか？

どうも思わない。第一に、私はクリシュナムルティを知らない。第二に、私が何かを言うときに、それを他人と比べるなら——私は誰それと似ていて、誰それと似ていないと——あなたは私に耳を傾けることができないだろう。あなたは比較をして時間を浪費している。

二人の人間の言葉に、類似点は絶対にあり得ない。なぜなら、二人の人間は似通っていないからだ。二枚の葉は似通っていないし、二個の石も似通ってはいない。言葉のいくつかは似ていることもあるし、表面的に似ていることはあるかもしれない。しかし世界にいる一人一人は、大きく違っていて、とてもユニークだ。まったく同じであるものは、ひとつもない。

私の言っていることをギータや、クリシュナムルティや、ラーマクリシュナや、マハヴィーラと比べ始めたら、あなたは私の話に耳を傾けることができない。なぜなら、このラーマクリシュナや、クリシュナムルティや、マハヴィーラたちが、中間でさまざまな問題を引き起こし、私の言葉はあなたに届かないからだ。私とあなたのあいだには、直接的な関係がないだろう。

だから私は知らない──しかし助言しておこう、比較したり類似点を発見したりする必要はない。それは無益で、的はずれだ。誰のためにもならない。

しかしあなたの人生には、ある共通の習慣が形づくられてきた。そのひとつは比較という習慣だ。あなたは、比較せずには物事を評価できない。何かを評価したいと思ったら、あなたは比較せずにどうしたらいいか見当もつかない──そして比較するたびに間違いが起こる。

ユリの花をバラの花と比べたら、間違いが起こる。ユリはユリ、バラはバラ、草花は草花だ。バラは草花よりも格が上や下であったりすることはない。草花は独自に生き、バラの花も独自に生きている。上でもないし下でもない。平等でもないし不平等でもない。どの人にも自分らしさがあり、他人とは似ていない。この個性や、人格や、独自性がわかるようになったら、あなたは比較するのをやめるだろう。

しかし、あなたには比較という習慣がある。あなたは幼い子供たちのことさえも、お互いに比較する。「ご覧、余所の子供はお前よりも先を行っているよ。お前は遅れをとっている」。あなたは子供に不当なことをしている。余所の子は余所の子、この子はこの子なのだ。二人を比べることはできない。彼らの在《あ》り様《よう》はまったく異なり、彼らは完全に違う。その独自性や真正さにおいて、彼らはお互いに無関係だ。

あなたには比較をする習慣がある。あなたの教育システムが比較を教え、あなたの思考のシステムも比較を内包している。比較なしには評価ができない。その結果、あなたはどの人についても、どの考えについても直接理解しない——さまざまなことが、中間に立ちはだかっている。

だから、これだけ言っておこう——J・クリシュナムルティと私に、どれだけ類似点や相違点があるのか、私にはわからない。私は比較をしたことがない。そして、あなたにもお願いしたい——私を人と、あるいは人を人と比較しないように。

この比較というものは際限がない——マハヴィーラと仏陀、キリストとモハメッド、クリシュナとラーマに、どれだけ類似点があるというのだろう? どれもこれも馬鹿らしい! 類似点や相違点はあり得ない。どの人も、ただその人自身なのだから。他人とは関係ない、他人とは無関係だ。「相違点」と言うことすら馬鹿げている。類似点がなければ、相違点は問題にならないからだ。

誰もが独自で、自分自身だ。この世には、二人として同じ人間はいない、ふたつとして同じ出来事は繰り返されない、ふたつとして同じ体験は繰り返されない。生には繰り返しがない。生は常に、唯一無二なるものを生み出し続ける。だから比較や評価は不要だ。クリシュナムルティの話を聞いているなら、彼を直接理解することだ。私の話を聞いているのなら、私の話を直接聞く。隣人の話を聞いているなら、彼の話を直接聞く。妻の話を聞いているなら、彼女の話を直接聞くことだ。第三者が介入すると、問題と争いが始まる。第三者が介入する必要はない――人と接したり、意思を交わしたりすることに関しては、直接的で介在するものが何もないといい。

バラの花の前に立ち、昨日見た花のことを思い出し、この花とあの花の類似点がどれだけあるかと考え始めるなら、この花を見る行為は止まってしまう。ひとつ確かなことがある――あいだに入り込んだ花の影は、私にこの花を見せない。だから目の前にある花を見たければ、これまでに見た花々をすべて忘れないといけない。それらを介入させるのは、この花にとって不当なことだ。そしてまた、この花の記憶を持ち運ぶ必要もない。さもなければ、明日別の花を見るときに、この花が介入してくるかもしれない。

だから、クリシュナムルティをここに持ち込まないこと。そして、私の話を聞いているのだから、他の人の話を聞いているときに私を介在させてもいいだろうと思ってはいけない。それは、その人にとって不当なことだ。

生を直接、見なさい。誰かを介在させる必要はない。どの人も平等ではないし、不平等でもない。誰もが飾らぬ自分らしさを持っている。そして私は、すべての人にただ自分自身であってほしいと思う。

誰もが自分自身であることだ――私は、これが生の基本的なルールだと思っている。しかしこれまで、あなたはそれを受け容れることができなかった。これまで、人類はそれぞれの個人をありのままに受け容れる用意ができていなかった――あなたは人を、誰か別の人にしようと試みる。彼はマハヴィーラのように、仏陀のように、ガンジーのようにならないといけない。これは一人一人の個性に対する、あからさまな侮辱だ。

「ガンジーのようになりなさい」と人に言うなら、あなたは彼をひどく侮辱したことになる。彼はガンジーになるために生まれたわけではないからだ。ガンジーはすでに一人生まれている。もう一人生まれて何になる？　この人にガンジーのようになれと言うことは、君は自分自身になる権利がないと言っていることだ。彼には誰かのコピーとなり、他人を真似る権利しかない。彼は生き写しになるしかない。オリジナルにはなれない。これは、その人に対する侮辱だ。

だから私は、誰もが別の人のようになるべきだとは言わない。私は、誰もが自分自身になるべきだとだけ言う。そうすれば、この世はすばらしく美しい世界になるだろう。これまで私たちは、誰もが別の人になるよう物事を取り計らってきた。だから、あなたは比較したり、考えたり、追い求めたりする。こんなことはしなくていい。そんなふうに考える必要はまったくない。

この話の内容に関してさらに質問があれば、今晩それについて話そう。もう一度繰り返させてほしい――私はあなたにひとつだけ、非常に基本的なことを話した――自分の知識を見つめ、それが自分自身のものか、それとも他人のものかを見極めること。それが他人のものとわかったら、それは無益だ。しかし、自分自身の知識はひとつもないと理解する日、まさにその瞬間から、あなた自身の知識の光が内側から生まれ始めるだろう。まさにその瞬間から、革命は始まる。

もっと質問があれば今晩話そう。午後の集いはおしまいだ。

第六章　信も不信もなく

NO BELIEF、NO DISBELIE

親愛なる人たちへ

人間は、思考という鎖で囚人のように縛られている。この思考という牢獄の土台には、どんな石が使われているのだろうか？　午後は、こうした石のひとつについて話をした。今晩は、第二の石について話そう――これも同じように重要だ。このふたつの礎石が取り除かれたら、借り物の知識を本物の知識と勘違いしていたことがわかる。すると、思考という牢獄を楽に超越することができるだろう。

この第二の石とは何か？　その上には人のマインドに存在する思考という牢獄が建てられており、その上には思考という網が編まれている――その、もうひとつの礎石とは何か？　たぶん、あなたは知らないだろう。どんな経緯で、これほど矛盾した思考でいっぱいになってしまったのか、おそらく見当もつかないだろう。

あなたの状況は、四方から牛に引っ張られている牛車のようなものだ。牛たちは、異なる目的地に辿り着くよう、強制的に動かされている。牛車は危うい。その構造は緩み始めている。牛たちが四方八方から、異なる方向へ引っ張っているのだ。牛車はどこかへ進めるだろうか？　どこか目的地に辿り着けるだろうか？　行き着く先はひとつ、運命はひとつだけだ――それは、ばらばらになって壊れるだろう。牛車を引き裂き、一斉に正反対の方向へ駆け出そうとしている牛たちのせいで、起こるのは破壊だけだ。牛車はどこにも辿り着かない。

マインドのさまざまな思考のあいだには内なる葛藤があり、それはあなたを殺しつつある。あなたの思考はどれも無関係で、矛盾し、互いに対立している。思考という牛たちは、全員でマインドを異なる方向へと引っ張っている。そして、あなたはその真ん中で苦悩し、苦しんでいる。この争いや葛藤が、どうやって自分の内面に訪れたのかもわからずに。

私は、ある名医の家に招かれたことがある。朝、その医者と私が外出しようとしたところ、彼の子供が突然くしゃみをした。医者は言った、「これは縁起が悪い！　少し待って、二、三分してから出かけよう」

私は言った、「あなたは変わった医者ですね。少なくとも、医者はくしゃみの原因を知っているはずです。それに、くしゃみと外出するしないは無関係です。ただの迷信ですよ。医者なのにそんなこともわかっていないなんて、まったく驚きますね」

私は、自分が病気にかかって死にそうになっても、あなたには治療してもらいたくないと医者に言った。彼は医師免許を取り上げられるべきだと私は思う――彼がそれを持っているのは間違いだ。実に驚くことに、子供時代の迷信のせいで、誰かがくしゃみをすると彼は外出しようとしなかった。子供時代に身についた考えは、彼がロンドンでＦＲＣＳをもらって医者になっても、まだ続いていたのだ。彼のなかには、ふたつの思考が同時に存在していた。誰かがくしゃみをすると、彼の足は止まる。しかし同時に、それはまったく馬鹿げたことで、ふたつは無関係であることを彼はよく承知していた。彼のマインドでは、両方の思考が同時にはたらいていた。

こうしたたぐいの思考は、あなたのなかに何千も存在しており、あなたを同時に違う方向へと引っ張っている。あなたはとても混乱している――それだけは明らかだ。だから人間は、完全に狂っているように見えるのだ。他にどうなれるだろう? 狂気という結末は目に見えている。何千年ものあいだ、数え切れないほどの矛盾した思考が、一人の人間のマインドに集積されてきた。一人の人間のなかに、何千という世代、何千という歳月が共生している。彼のなかには、五千年もたった思考と、現在の超現代的な思考が共存している。そしてこのふたつの思考には、類似点も調和もあり得ない。

何千もの異なる方向からやって来る思考が、一人の人間のなかに寄り集まっている。彼のなかには、何千人ものティールタンカラや、ディガンバーラや、アヴァターラや、導師《グル》たちの観念がある。そして彼らはみな、ある独特なことを行なってきた――世の中のあらゆる宗教、あらゆる教師たち、あらゆる聖職者たちは、他のことについては同意したことがないが、ひとつの策略については常に同意してきた。それは自分たちが語っていることを、人びとに信じよと言うことだ。彼らは口をそろえて「我々の言うことを信じよ」と言う――彼らは、それ以外のいっさいについては意見を異にする。ヒンドゥー教徒はこう言うかと思うと、イスラム教徒は別のことを言う。ジャイナ教徒はまた別なことを言い、キリスト教徒は違うことを言う。だが、この一点については、彼ら全員が同意する——「我々の言うことを信じよ」。彼らはみな矛盾したことを言う。その矛盾した言葉がすべて、人間の実存に舞い込んでいる。彼らはみな、我々の言うことを信じよと叫ぶ。人間は弱い——こうした人びとの言うことを何でも信じてしまうのだ。彼らはみな、お互いの言葉を笑い飛ばすが、自分自身の愚かさについては笑わない。

キリスト教徒は言う——イエスは処女から生まれた、これを認めない者は地獄へ行くと。哀れな聞き手は怯《おび》える——この点を認めなかったら、自分は地獄行きだ。だから彼は、この人たちの言うことは正しいと認める。処女がイエスを生もうと生むまいと、それが何だというのだろう？　そんなことで地獄に行く必要はない。

世界の他の人びとは、このキリスト教徒の考えを笑う。イスラム教徒も、ジャイナ教徒も、ヒンドゥー教徒も、この愚かしさを笑う。どうして処女から子供が生まれるだろう？　まったく馬鹿げている。

しかしイスラム教徒は言う——モハメッドがまだ肉体にあるとき、彼は雌馬に乗って天国へ行ったと。キリスト教徒も、ヒンドゥー教徒も、ジャイナ教徒も、これを笑う——何て馬鹿馬鹿しいことだ？　第一、雌馬は天国へ行けない。少なくとも牡馬だったら行けたかもしれない。男性は天国へ行けるが、女性が行く規定はないのだ。だから、雌馬は天国へは行けない。牡馬だったらその考えは大目に見られるし、まあいいだろうとも思える。

そして第二に、まだ肉体のなかで生きているのに、どうして天国へ行けるのだろう？　肉体はここに残されるべきだ、肉体は地上のものだ。モハメッドは、肉体にありながら天国へ行くことはできない。誰もがその考えを笑う。キリスト教徒も、ジャイナ教徒も、ヒンドゥー教徒もみな笑う。だがイスラム教徒は言う、「信じなさい！　信じないなら地獄行きだ。お前は地獄で朽ち果てなければならない。地獄で苦しむことになるぞ。これを受け容れなさい。もし受け容れず、モハメッドの言葉に同意しないなら、大変なことになると肝に命じておくがいい——なぜなら、神はこの世に一人しか存在せず、モハメッドは彼の預言者なのだから」

人は、信じろと脅《おど》されている。だから、言われていることはおそらく正しいのだろうと思って受け容れる。ジャイナ教徒はイスラム教徒やキリスト教徒を笑うが、彼ら自身、マハヴィーラはバラモンの女性の子宮に宿ったと言っている。だが、どうしてジャイナ教のティールタンカラが、バラモンの家庭に生まれていいものか？　真《まこと》にして最高のカーストはクシャトリヤ、すなわち戦士のカーストだ。だから、ティールタンカラは必ずクシャトリヤの家庭に生まれる。バラモンの家には生まれるはずがない。バラモンは物乞いだ——どうしてティールタンカラが、そんな家に生まれるだろう？　さて、マハヴィーラはバラモンの女性の子宮に宿った。しかし神々は、それが大きな間違いになることに気づいた――「どうしてバラモンの家庭などに、ティールタンカラが生まれていいものか？」。彼らは胎児を素早く取り出すと、クシャトリヤの女性の子宮に移した。そしてクシャトリヤの女性の子宮からは女の胎児を取り出し、バラモンの女性の子宮に移したのだ。

世界中の人びとが、こうしたことをすべて笑いものにする――そいつは実に滑稽だ！　第一、何の関わりがあって、神は人の子宮の胎児をすり替えるのか？　どうしてそんなことが起こり得るだろう？　全世界が笑い飛ばす。すると、ジャイナ教徒は腹を立てる。彼らは言う、「笑うがいいさ。でもあなたは、我々のティールタンカラが何を語ってきたのか知らないのだ。そして、我々のティールタンカラが語ってきたことはすべて真実だ。これを信じない者は、誰もが地獄で苦しむだろう。あなたがそれを信じなくても、私たちの知ったことではない。苦しむがいい！」

人は大勢の人たちから、さまざまなことを信じなさいと言われる。彼にも、他人の宗教信条をまったく知らない時期があった。人びとは自分の仲間内で暮らしていた。自分の仲間内の物事しか知らなかったから、さほど混乱することはなかった。いま世界はとても小さくなり、誰もが他人の宗教信条を知っている。このため、人の混乱ぶりは完全な狂気の地点にまで達している！　このあらゆる騒音は何なのか、人びとは自分に何を信じ込ませようとしているのか――それは、もはや理解を越えている。

しかし過去においてすら、状況はさほど良くはなかった。ヒンドゥー教徒はイスラム教徒の信条を知らず、ジャイナ教徒はキリスト教徒の信条を知らなかったが、それで事が済むわけではなかった。ジャイナ教徒は根本的な点において、自分たちのなかですら、同じことを信じてはいない――ディガンバーラ派とスヴェタンバーラ派の言うことは違う。彼らが意見を異にしている点を知ったら、あなたは驚くだろう。そんなことに意見の相違があるとは驚きだ。ジャイナ教の二十四人のティールタンカラの一人に、マリナタがいた。ディガンバーラ派は彼を男性だと言い、スヴェタンバーラ派は彼を女性だと言う。彼女はマリバイだとスヴェタンバーラ派は言い、彼はマリナタだとディガンバーラ派は言う。そして両者は言っている――「私たちの言うことを信じないなら、地獄行きだ！」。女性は決してティールタンカラになれないとディガンバーラ派は言う――事実そのものが誤りだ。だから、彼は男性だったに違いない。彼はマリナタであり、マリバイではない。ある人物が男性か女性かをめぐる争いなど、まったくうんざりさせられる。しかし、信じないなら地獄に行って苦しむことになるだろうと、人は脅《おど》されている。だから信じた方がいい。

全世界において、自分たちの教えを信じさせようとする人びとは、あなたのマインドに混沌《カオス》と混乱を生み出してきた。あなたは全員の話に耳を傾け、あなたのなかに彼らの教えが刻まれる。するとあなたの実存は、異なるさまざまな方向へと引っ張られる。

次に、こうした諸々《もろもろ》の宗教のあとから共産主義が現われた。宗教はまさにアヘンのようだと共産主義は言う――宗教には何の意味もなく、神の概念はまったくの偽りで、すべては無意味だと。マルクスは言う——共産主義こそ真の宗教であり、それのみを信じるべきだ。聖書もギータもコーランも、すべて間違っている。『資本論』こそ真の宗教書であり、それだけを信じるべきだと。こうして、新しい信仰が始まった……。

次に、共産主義のあとから科学が現われた。科学は、どれもこれもすべて無意味だと言う。宗教書に書かれていることはすべて誤りであり、正しいのは科学の言うことだけだ。そして、一人の科学者の生涯においてすら、別の科学者が異なる意見を唱え、「私が正しい、最初の者は間違っている」と主張する。すると三番目の科学者が現われ、先の二人は間違っていると主張する。そしてやがて、おそらく四番目の科学者が現われて……。

こうした真理の宣言は、人のマインドと精神に、混乱し錯綜した思考——さまざまに異なり、あらゆる方向へ人を引っ張る思考を生み出してきた。この錯綜を生むために用いられてきたのが、恐怖や人心操作だ。一連の信仰を人に植え付けるために、恐怖や人心操作という巧妙な手段が用いられてきた。すなわち、信じるなら天国に行けるが、信じなければ地獄行きというわけだ。

こうした宗教指導者たちは、今日の広告と同じことを行なってきた。だが、広告はそこまで大胆でもないし、そんな勇気もない。ラックス石鹸を売る人びとは、ある美しい王妃が「私が美しくなったのは、ラックス石鹸のおかげ」と言っている広告を出す。つまり、それを使えば誰もが美しくなり、使わなければ美しくならないというわけだ。すると、あなたは自分が醜くなるのではないかと恐れ、ラックス石鹸を買いに出かける。まるでラックス石鹸ができる前は、人びとは美しくなかったかのようだ。クレオパトラも、ムムタジも、ノールジェハンも、ラックス石鹸がなかったから、美しくなかったかのようだ。しかし広告主たちは、まだ本当の勇気を持っていない。たぶん将来、彼らは言うだろう、「あるティールタンカラが言っています、ある預言者が言っています、ある教師が言っています——ラックス石鹸を使わない者は地獄へ行き、天国には行けないと。天国へ行けるのは、ラックス石鹸を使っている人たちだけなのです」

人びとは、こんなふうに脅《おど》されるかもしれない——ハバナ産の葉巻さえ吸えば、天国へ行ける。自分でも吸い、他人にも吸わせるのはすばらしいことだ。ハバナ産の葉巻を吸わない者は、地獄へ行くはめになるだろう。インドのビディを吸うなら、無限地獄で苦しむことになる！　このことをまったく信じない者は、その結果に直面するだろう。信じる者は良い結果を得て、信じない者は悪い結果を得る。

現代の広告は、まだ昔の広告ほど大胆になってはいない。昔の広告は、まったくの偽りを語って人を脅《おびや》かした。そして人は、疑問を持たずに耳を傾け、受け容れ続けていた。実のところ、どんな偽りであっても数千年にわたって何度も繰り返されたら、真実のように見え始めるものだ。もっとも真実に反することさえ、繰り返し続けるなら——何度も何度も繰り返し続けるなら、あなたは次第に、ひょっとするとそれは真実かもしれないと思い始める。さもなければ、なぜそんなに何度も、それほど長く繰り返されるのか？

村からやって来た貧しい農夫が、町で小ヤギを買った。彼が小ヤギと共に村へ向かって歩き出すと、数名の町のならず者たちは考えた――小ヤギを何とか手に入れられたら、ご馳走にありつけるし、宴会を楽しめる。友人を招いてお祭りだ。だが、どうやって手に入れよう？

文盲の村人はとても頑丈で健康そうだったが、町のならず者たちはひ弱で不健康そうだった。ヤギを直接農夫から奪えば争いになり、厄介なことになるだろう。そこで、彼らは用心深く、うまく彼を騙すことにした。彼らは騙し方を決めた。

村人が町を去ろうとしたところ、四、五名のならず者の一人が道で彼に会い、声をかけた、「やあ、おはよう」

村人は答えた、「おはよう」

すると、ならず者は見上げて言った、「なぜ肩にイヌを担いで運んでいるのさ？」――実際、彼は小ヤギを肩に担いで運んでいた。「どこでこのイヌを買ったんだい？　とてもいいイヌじゃないか」

農夫は笑って言った、「頭が変になっちまったのか？　これはイヌじゃない。俺はヤギを買ったんだ。こいつは小ヤギさ」

男は言った、「イヌを担いで村に行かないことだな。さもないと、頭が変になったと思われるぜ。あんたは本当に、こいつがヤギだと思っているのか？」。そして、男は行ってしまった。

農夫は笑って、これは実に奇妙だと思った。しかし彼は、ヤギかイヌかを確かめるために、ヤギの足に触った……それこそ、ならず者たちの狙いだった。それが本当にヤギであることがわかって、農夫は安心して歩き続けた。

次の通りで、二人目のならず者が彼と出会った。彼は言った、「やあ、これはいいイヌを買ったもんだ。俺もイヌを買いたいと思っているんだよ。どこでそいつを買ったんだい？」。今度は村人も、同じ自信を持って「これはイヌじゃない」とは言えなかった。なぜなら、今度は二番目の男まで、同じことを言っていたからだ。二人の人間が間違えるはずはない。

それでも彼は笑って言った、「こいつはイヌじゃございません。ヤギなんです」

男は言った、「誰があんたにヤギだなんて言ったんだ？　誰かに騙されたようだな。これはまた、いったい何というヤギだ？」。そして彼は立ち去った。

村人は、どうしたことか確かめるために、肩からヤギを降ろした。だが、それは紛れもなくヤギだった――あの人たちは二人とも間違っていた。しかし彼は、自分には妄想があるのかもしれないと心配になった。

いまや彼は少し恐れていた。道を歩き続けているうちに、彼は三番目の男に出会った。彼は言った、「やあ、どこでそのイヌを買ったんだい？」。今度は彼も、イヌではないと言う勇気はなかった。「町で買ったんです」と彼は答えた。ヤギであるとは、とても言いづらかった。そして彼は、ヤギを村に持っていかない方がいいかもしれないと考え始めた――自分はお金を無駄にし、おまけに村の笑いものになる。人びとは自分のことを気が変になったと思うだろう。こう考えていると、四番目の男に出会った。彼は言った、「こいつは奇妙だ――イヌを肩に担いでいる人間なんて、会ったこともないぜ。あんたは、それがヤギだと想像でもしているのかい？」

村人はあたりを見回し、自分一人だけで、まわりに誰もいないとわかると、ヤギを降ろして自分の村へ一目散に走っていった。彼の五ルピーは無駄になってしまったが、少なくとも気違いと呼ばれずには済んだ。

そして、四人のならず者はヤギを持っていった。

四人の人間が何度も繰り返したため、農夫は彼らの言っていることが間違っている可能性もあるとは、信じ難くなってしまった。あなたに何かを言う人びとが、宗教的な衣服を身に纏《まと》っていると、それはさらに難しくなる。しかも、こうした人びとが真理や誠実さの模範とやらであったりすると、それはもっと難しくなる。また、彼らが正真正銘の隠遁者であったりすると、さらに難しくなる。それは、彼らの言っていることを疑わしく思う理由が何ひとつないからだ。彼らは、必ずしもあなたを騙しているわけではない――百のうち九十九は、彼ら自身が間違った考えを持つ人びとであり、彼ら自身が騙されているのだ。彼らは必ずしも詐欺師ではない。彼らもあなたと同じような、決まりきった観念のなかにいる。

ひとつ確かなことがある――信じ続けるかぎり、人は搾取され続ける。信じなさいと言われているあいだは、人は搾取から自由になれない。そのとき、その信仰はヒンドゥー教徒のものであったり、ジャイナ教徒のものであったり、イスラム教徒のものであったり、他の人びとのものであったりするかもしれない。共産主義者のものであったり、反共産主義者のものであったりするかもしれない。何でもあり得る。しかし他人の言っていることを信じなさいと言われ、また「信じないなら苦しみ、信じれば幸せになれる」と言われているかぎり——こうした策略が使われているかぎり、内側にある思考の錯綜を取り除く勇気を奮い起こすのは非常に難しいだろう。

私はあなたに何を言いたいのか？　あなたの内側につくられた思考の錯綜——それには何世紀もの時間が関与し、そこには何百年にもわたる刻印が集められている。それを取り除きたいのなら、ひとつしっかり理解すべきことがある——信仰よりも自殺的な行為はないということだ。私はこれをあなたに言いたい。ひとつ是非とも理解することだ——信じること、盲信すること、目を閉じて黙々と受け容れることこそ、これまであなたの生が不自由であった根本的な原因だと。

しかし、誰もが信じなさいとあなたに言う——彼らは我々を信じ、他の人たちのことは信じるなと言う。「他の人たちを信じてはいけない。彼らは間違っているのだから。私は正しい、私を信じなさい」と彼らは言う。

私はあなたに言いたい——誰かの言うことを信じるのは破壊的であり、あなたの生にとって有害だ。信じないこと、決して信じないことだ！　信仰体系を生の基礎とする者は、盲目の世界へと入るだろう——すると、生に光が射すことはない。生涯、光には到達できないだろう。他人の言うことを信じる者は、決して自分自身を知り得ない。

さて、私はあなたに信じてはいけないと言っているのだろうか？　違う、信じない必要もない。しかし、あなたは思うだろう——何かを信じないなら、必然的にそれに対して不信を抱くと。これは完全に間違った考えだ。信も不信もないマインドの境地がある……。不信は信のひとつの形だ。自分は神を信じないと言うとき、あなたは何と言っているのだろう？　あなたは、神の不在を信じると言っている。「私は魂を信じない」と言うときは、魂の不在を信じると言っている。信と不信は似通っている。ふたつのあいだに違いはない。信は肯定的で、不信は否定的。信は肯定的な信仰で、不信は否定的な信仰だ——しかし、両方とも信仰ということに変わりはない。

内側の思考の錯綜から自由になれるのは、この信仰や信条から自由になる場合だけだ——他人の見解を求めて常に他人の方を向いていることから自由になり、他の誰かが真理を授けてくれるという考えそのものを捨て去る場合だけだ。他の誰かが真理を授けてくれると考えているかぎり、人は何らかの束縛を受けるだろう。ひとつのことから自由になれても、もうひとつのことに縛られ、二番目のことから自由になれても、三番目のものに縛られる——束縛から自由にはなれない。しかし、ひとつのことから自由になり、別のものに縛られることは、いつも束の間の慰めを与えてくれる。

人が死ぬと、四人の人が棺架に乗った亡骸を肩に担ぎ、葬儀場へ運んでいく。彼らは一方の肩が痛くなると、別の肩に持ち替える。しばしのあいだ、彼らは疲れた肩を楽にし、次に二番目の肩が疲れると、再び別の肩に持ち替える。信仰を変える人は、ひとつの肩からもうひとつの肩へ、持ち替えをしているにすぎない。しかし重さは常に存在しており、変わらない。少しのあいだ楽になるだけだ。

ヒンドゥー教徒がイスラム教徒になり、イスラム教徒がジャイナ教徒になり、ジャイナ教徒がキリスト教徒になるとしても——すべての宗教を捨て、共産主義者か何かになるとしても、ひとつの信仰体系を捨て、別のものにしがみつくとしても、マインドの重荷は変わらない。少しだけ息抜きができるが、肩の重さを移動させているだけだ。そんな気休めは意味がない。

ある村に、二人の男がいたそうだ。一人は有神論者、それも極端な有神論者であり、もう一人は無神論者、それも極端な無神論者だった。この二人の男のせいで、村中がとても困っていた。この者たちのせいで、村人はいつも厄介事に巻き込まれていたのだ。有神論者は昼も夜も神の存在について説き、無神論者は昼も夜もそれに反論していた。村人たちは誰に従うべきか、誰に従うべきでないか、とても困っていた。彼らは実に厄介の種なので、村人たちはとうとう決意し、村人全員の前でお互いに討論してくれと言うことにした。そして村人たちは言った、「私たちは勝った者に従おう。私たちを困らせないでくれ。あんたたちは、お互いに討論をする。誰であれ、勝った方に私たちは従おう」

ある晩、ある満月の晩に、村で討論会が準備された。村人全員が集まった。有神論者は有神論の理論を解説し、持論を繰り広げ、無神論に反論した。すると無神論者は有神論に反論し、無神論を支持するありとあらゆる主張を示して見せた。討論は夜を徹して続き、朝になると有神論者は無神論者になり、無神論者は有神論者になるという結果になった。両者とも、相手の主張が気に入ったのだった。

しかし村人たちの問題は残り、解決されなかった。二人の男はお互いに徹底的に説得し合い、二人とも改宗してしまった。このため、村には依然として無神論者と有神論者がおり、合計は同じままだった――そして村人たちの問題もまた、同じままだった。

ひとつの信条から別の信条へ鞍替えしたとしても、あなたの人生は変わらない。あなたの実存の問題は同じままで、何ひとつ変わらない。あなたの実存の問題は、ヒンドゥー教徒や、イスラム教徒や、ジャイナ教徒や、キリスト教徒や、共産主義者や、国粋主義者であることとは無関係だ。あなたの実存の問題は、あなたが信じるという点にある。信じるかぎり、あなたは自分を束縛し、自分を牢獄に入れる。そして何らかのかたちで、どこかに縛られる。

囚われた人間、囚われたマインドは、どうしたら思考から自由になれるのだろう？　自らの実存全体でしがみつき、信じ込んでいる思考から、どうしたら自由になれるのか？　どうしたら、それを取り除けるのか？　とても難しいことだ。それらは、礎石を取り除いてはじめて取り除くことができる。

信こそ、積み重なった思考の底辺にある礎石だ。人間は、信に基づいて考えるようになっている。また、思考がマインドをしっかり掴んでいると、「思考を捨てたら、どうなるのだろう？」という恐れにも駆られる。だから人は言う——もっと良い、しがみつけるものが与えられたてはじめて、いまの思考を捨てられると。しかし彼のマインドには、しがみつくという考えそのものを落とすといった発想がやって来ない。

マインドの自由や解放は、信を変えることではなく、信そのものから自由になることによって起こる。

仏陀が、ある小さな村を訪れていた。数名の者が、彼のもとに盲目の男を連れてきて言った、「この男は盲人で、私たちは彼の親しい友人です。私たちはあらゆる手を尽くし、彼に光があることを納得させようとしましたが、彼はその事実を受け容れる気がないのです。彼の主張には、私たちも戸惑ってしまいます。光はあると知りながら、私たちは負けを認めるしかありません。男は光に触れたいと私たちに言います。さて、どうしたら光に触れさせることができるでしょう？　すると男は『いいだろう、触れることができないなら、それを聞きたいものだ。私には耳がある——私に聞こえるよう、光の音をたててくれ。それも不可能なら、光を味わってみたい。あるいは光に香りがあるのなら、それを嗅いでみたい』と言うのです」

男を説得するすべはなかった。目があってこそ、光は見える――しかし、彼には目がなかった。「君たちは必要もないのに光の話をして、私が盲目なのを証明しようとしている」と、彼は村人に文句を言った。自分が盲目なのを証明しようとして、村人たちは光の話をでっち上げたのだ、と彼は思った。

そこで人びとは、仏陀が村にしばらく滞在していたので頼んでみた。彼なら、おそらくこの盲目の男に理解させることが可能かもしれなかった。

仏陀は言った、「私は、彼を説得しようとするほど馬鹿ではない。人類の問題は、見ることのできない人に、物事を説明しようとする人びとによって生み出されてきた。聖職者たちは、人類にとって災厄だ――彼らは、自分でも理解できないことを人びとに説いている」

さらに彼は言った、「私はこの間違いを犯したくない。私はこの盲目の男に、光があることを説明しようとは思わない。あなたたちは、間違った者のところに彼を連れてきた。私のもとに彼を連れてくる必要はなかった。替わりに、彼の目を治療できる医者へ連れていきなさい。彼に必要なのは、説教ではなく治療だ。問題なのは、説明することでもないし、彼があなたの言うことを信じることでもない――要は、彼の目を治療することだ。彼の目が治ったら、あなたが説明するまでもない――彼は自分で見ることができるし、自分で理解することができる」

宗教とは、哲学的な教えのようなものではなく、実際的な解決策であるべきだ、と仏陀は言っていた。だから彼は、盲目の男を医者へ連れていくよう勧めた。

村人たちは仏陀の言ったことが気に入り、治療のために盲目の男を医者のもとへ連れていった。そして幸運にも、数ヵ月後に彼は治った。その頃には、仏陀は別の村へと立ち去っていた。そこで、盲目の男は彼のあとを追った。彼は仏陀に頭を垂れ、彼の足に触れて言った、「私は間違っておりました。光というものがありながら、それを見ることができなかったのです」

仏陀は答えた、「あなたは確かに間違っていた。しかし、あなたの目が治ったのは、自分自身で体験するまでは、他人の言葉を信じることを拒否したからだ。もしあなたが友人の言葉を受け容れていたら、事はそこで終わっていただろう。そして、あなたの目を治療する可能性も生まれなかっただろう」

信じる人は、いかなる理解にも辿り着かない。おとなしく受け容れる人は、自分自身の体験を持つことができない。他人が言うのなら光はある、きっとあるに違いないという事実に盲目的にしがみつくなら、旅はまさにそこで終わる。旅が続くのは、あなたの焦燥感がやむことなく続き、決して消え去らないときだけだ。焦燥感が生まれるのは、人びとの語るものがそこにありながら、自分にはそれが見えず、受け容れられないときだけだ。あなたは、それを見てはじめて受け容れることができる。マインドには、こういったたぐいの焦燥感――「自分自身の眼で見て、はじめて受け容れよう」と言うような焦燥感が必要だ。

あなたが信仰を持つのを望んでいる人びとは、自分自身の眼などいらないと言う人びとだ。「マハヴィーラには眼があった。それで充分だ。仏陀には眼があった。それで充分だ。なぜ一人一人が眼を持つ必要があるだろう？　クリシュナには眼があり、ギータを書いた。だとしたら、なぜあなたに眼が必要なのか？　ギータを読み、楽しむがいい。クリシュナは見ることができた。そして見えたものを書き記した。だから、一人一人が見る必要などないのだ。あなたは、ただ信じればいい。見ることができた者たちは、すでに語っている——あなたの仕事は、ただ信じることだ。知識は到達されている。あなたが自分で知る必要などない」

この教えが人を盲目にしてきた。地球上の人びとのほとんどは、盲目のままだった。そして今日も依然として、ほとんどの人が盲目だ。そして現在の状況を見ると、おそらく将来もほとんどの人が盲目のままだろう。なぜなら、盲目を治す基本的な錬金術——すなわち盲目であることを克服する渇きが、損なわれてしまったからだ。厳しい信仰体系を与えることによって、それは滅ぼされてしまった。

実のところ、クリシュナの眼がどれほど良くて、どれほど遠くまで見えたと言われていたとしても、それはあなたの眼ではない。また、マハヴィーラの眼が——蓮のように——どれほど美しかったとしても、それはあなたの眼ではない。あなたの眼は、取るに足らないものかもしれない——蓮ではなく、野に咲く花にすぎないかもしれない。だが、それはあなた自身の眼だ。そしてあなたは、自分の眼でしか見ることができない。

だから、自分自身の理解を探求することだ。他人の洞察を崇《あが》めても、何にも到達できない。実のところ、自分自身の理解の探求が始まるのは、他人の考えを捨てたときだ。外側に何か代用品があるかぎり、外側から何かが与えられているかぎり、探求は始まらない。他からの援助や満足がないとき、他人によっては何にも到達できないとき、あなたの内側に挑戦が芽生える——自分自身の道、自分自身の理解を探求しようとする挑戦が。

人はとても怠惰だ。努力をせずに知識に到達できるなら、努力や実践《ワーク》などするはずがない。探求せずに信じるだけで光明に到達できるなら、独力で光明への旅を試みるはずもない。また、「私を信じなさい。私はあなたを光明へ連れていこう」と誰かに言われたら、自分で大変な努力などするはずがない。「私の舟に乗りなさい。あなたを別の岸へ連れていこう。そうすれば事はおしまいだ」と誰かに言われたら、舟のなかに座って眠っていた方がいいと思うだろう。

しかし、他人の舟でどこかに辿り着ける人は一人もいない。また、他人の目で見ることのできる人は一人もいない——これまでもそうだったし、これからもそうだろう。あなたは自分の足で歩かなければならない。自分の目で見なければならない。自分のハートの鼓動によって生きなければならない。あなたは独りで生き、そして死ななければならない。代わりに生きてくれる人はいないし、代わりに死んでくれる人もいない。あなたは他人の代わりになれないし、他の誰かもあなたの代わりにはなれない。この世でどうしても不可能なことがひとつあるとしたら、それは誰でも他人の代わりになれるという考え方だ。

第二次世界大戦中のこと、二人の兵士が戦場に倒れていた。一人の兵士は瀕死の状態だった。彼は重傷を負っており、明らかに望みはなかった。もう一人の兵士も負傷してはいたが生きており、死ぬ恐れはなかった。彼らは友人だった。

瀕死の兵士は友人に抱きついて言った、「もはや、君に別れを告げないといけない。俺が生き延びる可能性はない。ひとつ提案がある――君は俺の経歴帳を取り、そして俺には君の経歴帳をくれ。君の経歴帳は良くない。君の経歴帳には、面目ないコメントがたくさん書かれている。でも俺の経歴は良好だ。だから我々の手帳を交換しよう。そうすれば将校は思うだろう――君は死んで、俺が生きているとね。俺の経歴は良好だから、君は昇級できるし、もっと尊敬を受けられるぞ。だから急げ！　手帳と番号を交換しよう」

瀕死の友人の申し出は、実にもっともだった。なぜなら兵士には番号しかなく、名前はなかったからだ。兵士には経歴帳しかなく、魂はなかった。だから、手帳を交換するのも頷《うなず》けることだった

――悪者は死に、善良な男が生き延びるのだ。

だが、死をまぬがれそうな男は答えた、「許してくれ、俺は君の手帳や番号を持っていけるが、それでも俺は俺だ。俺は悪者で、悪者のままだろう。俺は酒を飲む――この先もまだ飲むだろう。俺は娼婦のところへ行く――この先もまだ行くだろう。君の良好な経歴帳は、どれだけのあいだ良

いままでいられるだろう？　どれだけのあいだ、手帳は人を騙せるだろう？　それどころか、二人の人間が悪者になってしまう。君は悪者として死ぬが、悪者はまだ生きているのだ。いまなら少なくとも、人びとは善人が死んでしまったと言うだろうよ。彼らは君に花を捧げるだろう――君が俺だったら、彼らは花を捧げようなんて思わないさ。君は俺の代わりになれないし、俺は君の代わりになれない。入れ代わろうという君の思いつきは、俺への愛情から来ている。それはありがたいことだが、生の法則に背いているよ」

誰も他人の代わりにはなれない。他人の代わりになって生きたり死んだりすることは、誰にもできない。人の代理で知ることはできないし、人の代理で見る能力を手にすることもできない。

あなたに信仰を持たせたいと思う人びとは、他人の目を通して見なさいと説いてきた――「ティールタンカラの目を通して見なさい、アヴァターラの目を通して見なさい」と。そして、あなたは信じ続けてきた。それこそ、あなたが網に絡《から》め取られてしまった原因だ。何千人もの教師たちがひどい騒音を生み出し、その教師たちに従う者たちがひどい騒音を生み出してきた。そうして彼らは、地獄に対する強い恐怖と、天国に対するたいそうな貪欲を生み出した……あなたは少しずつ、彼らの言うことを受け容れてきた。彼ら全員の言葉は、あなたの内側に大変な混沌《カオス》を生み出してしまった。だからあなたの生の旅は、どこかへ進む前に潰《つい》えてしまうだろう。

だから知性ある人は、まず自分の矛盾した思考のすべてに別れを告げることだ。そして決心する。

「私は信じない。私は知りたい。自分自身で理解する日、その日はじめて、私は信仰という言葉を使えるようになるだろう。それまでは、私にとって信仰というものはあり得ない。それはごまかしであり、自己欺瞞だ。私は自分自身を欺けない。知りもしないのに知っているとか、認識してもいないのに認識しているとは言えない。私は盲目的に同意できない」

これは、あなたが何かを拒否しているという意味ではない。それは、あなたが同意と拒否の両方から、離れて立っているということに他ならない。あなたは言っている、「私は賛成も反対もしない。マハヴィーラは間違っているとも言わないし、彼は正しいとも言わない。正直なところ、私はマハヴィーラの言っていることがわからないのだ。だから賛成や反対をする権利がない。彼が正しいと自分で理解する日、私は賛成する。彼の言っていることは間違っているとわかったら、私は反対する。でも、まだ私は理解していない。だから、どうしてイエスやノーと言えるだろう？」

あなたのマインドが、同意と拒否の両方から距離をおくことができたら、いまここで錯綜を打ち破ることができる。この網の基《もと》となっている本質が打ち破られたら、それはちょっと押せば倒れてしまうトランプの家のように脆《もろ》いものだ。いまのところそれは、堅固な石の土台が、容易に見えぬほど深く敷かれた石の城のようだ。しかもあなたのマインドは、信じ同意する人びとは宗教的であり、拒否し信じない人びとは宗教的でないと理解するよう、条件づけられている。

しかし、私はあなたに言いたい――信じる人は宗教的でないし、信じない人も宗教的ではない。

宗教的な人は、真実の人だ。「真実」とは、自分の知らないことは信じないし、また疑ったりもしないということだ。彼は「私は知らない、私は無知だ」と素直に、心から誠実に公表する。だから、容認したり拒絶したりする可能性はまったくない。

あなたは、自分の実存をこの中心点に連れていく勇気と強さを、奮い起こすことができるだろうか？　もしできるなら、この思考の城はたちまち崩壊するだろう――ちっとも困難なことではない。

私は今朝、三つの要点を話し、午後にひとつ、そして今ひとつ話した。この五つの点を注意深く考えなさい。ただ私が言ったからという理由で、それを活用し始めてはいけない。さもないと、私まであなたの説教者になってしまう。ただ私がそう言ったからという理由で、物事を信じてはいけない――なぜなら、私の話はすべて間違いかもしれないし、偽りかもしれないし、無意味かもしれないのだから。すると、あなたは困ったことになるだろう。私の話を信じてはいけない。

考え、探求し、そして見なさい。自分自身の体験を通して、私の話に何らかの真実があると思うなら――自分自身の探求によって、あるいは自分自身のマインドの窓を覗き込むことによって、そこに何らかの真実があると思うなら――その真実はあなた自身の真実となるだろう。すると、それは私だけのものには留まらない。それは私の理解ではなく、あなた自身の理解になる。すると、あなたが為すことはすべて、あなたの生が叡智と覚醒へ向かうための道筋となる。だが、信じ込んで為すことはすべて、あなたをさらなる闇と無意識へ連れていくだろう。この点についても、注意して考えておくといい。

座って夜の瞑想をする前に、瞑想について尋ねられた質問に答えよう。まずそれについて話してから、座って瞑想をする。

ある友人が、詠唱——聖なるマントラの詠唱は、瞑想の助けになるかどうかと尋ねている。それは何の助けにもならない。それどころか障害になる。なぜならマントラを詠唱すると、同じ思考を何度も繰り返すことになるからだ。「マントラ」とは思考だ。ある名前を唱えるとき、あなたは同じ言葉を何度も繰り返す。言葉は思考の一部であり、思考の断片だ。思考を繰り返すことによって、思考から自由になりたいとしたら、あなたは間違っている。ひとつの思考をひたすら繰り返すあいだは、マインドに他の思考は存在しないように見える。話したように、それはひとつの思考に固執するマインドの性質によるものだ。しかし、あなたの繰り返している思考は、他のたいていの思考と同じように立派な思考だ。それを繰り返してもまったく役に立たない。それどころか有害だ。なぜなら、同じ言葉を何度も繰り返すと、マインドに無意識と眠りが生じるからだ。

どんな言葉でもいいから、それを何度も繰り返してごらん——間もなく、目覚めではなく、眠気が生じるだろう。どんな言葉であれ、繰り返しは眠気をさそう手段となる。だから眠れない場合は、夜に「ラーマ、ラーマ」あるいは「オーム、オーム」と繰り返すといい。しかしそれは、自己実現や、真理や、より深い存在の開示に向かう探求には役立たない。

この手法は、どの村でも誰もが知っている。しかしあなたは、そんなことなど考えたこともない。母親が子供を寝かしつけたいとき、彼女は「ねんねしなさい、良い子だね……ねんねしなさい、良い子だね……ねんねしなさい、良い子だね」と言う。彼女はマントラを使っている。ふたつの同じ言葉を繰り返している――良い子、良い子と。「ねんねしなさい、良い子だね。ねんねしなさい、良い子だね」。しばらくすると、良い子はきっと眠るだろう。子供が眠るのは、自分の音楽的な声のおかげだと思っているとしたら、母親は大きな勘違いをしている。子供は退屈して眠るのだ。誰かの枕もとに座って、「ねんねしなさい、良い子だね。ねんねしなさい、良い子だね」と繰り返したら、その人は退屈するだろう。幼い子供はどこにも逃げられない。だから、唯一の逃げ道は眠ることだ。そうすれば、こんな馬鹿げたことを聞かずに済む。このたわ言を追い払う唯一の手段、唯一の逃げ道は眠ることだ。さもないと、この「ねんねしなさい、良い子だね。ねんねしなさい、良い子だね」を聞かなくてはならない。このたわ言に、良い子がどれだけ耳を傾けようと思うだろう？　どんなに良い子でも、幼い子供は疲れたと感じ始める。そして疲れて退屈したら、彼が手にしている唯一の選択肢は、さっさと眠ることだ。そうでないと、たわ言は止まらない。

つまり「良い子、良い子」あるいは「ラーム、ラーム」と繰り返し続けるなら――どんな言葉を使おうと違いはない、どれもみな一緒だ――あなたは母親が幼い子供にしているのと同じことを、自分のマインドにやり始めている。だから、やがてマインドが疲れて退屈し、うんざりすると、逃げ道はひとつしかない――たわ言を避けるために、マインドは眠る。この眠りを瞑想と思うなら、それは大きな間違いだ。この眠りは無意識の状態だ。そうだ、あとであなたはいい気分になる。この眠りのあとは、あらゆる眠りのあとと同じようにいい気分になる。あなたは、ほっとするだろう。その間、心配事や痛みや人生そのものから逃れることができたのだから。

それは、アルコール中毒者や、麻薬中毒者や、アヘン中毒者が酔っているときに感じるのと同じ種類の感覚だ。意識が戻り、依然として痛みがあるのに気づくまで、彼はすべての悩みを忘れる——そうしているうちに、彼はもっと多くのアヘンを必要とするようになる。最初はほんの少量のアヘンで充分だったが、数日後には二倍の量が必要になる。さらに数日後には、それよりもっと多くなる。

大量のアヘンを使用したため、やがてアヘンに影響されなくなってしまった修行者《サドゥー》たちがいる。そこで彼らはヘビを飼う。そのヘビに自分の舌を噛ませないと、彼らは酔えなくなっている。さもないと何も起こらない。

麻薬というものは、常に必要とする量が増えていくものだ。だから今日「ラーム、ラーム」と十五分唱えたら、明日は三十分しないといけない。次は二時間、そして十時間……。すると店を経営するのも、ままならなくなる。なにしろ、仕事をする前に「ラーム、ラーム、ラーム」と唱えなければならないのだから。この「ラーム」の詠唱は麻薬になってしまったから、彼はすべてを捨てて森へ行かねばならない。いまや、頻繁に唱えれば唱えるほど、それはさらに重要に思えてくる。そこから出てくると、苦痛を感じるほどだ。そして彼は言う――今度は一日二十四時間、唱えようと。だが、これは狂気と紙一重だ。

こんなことをしても、生に知識や理解は芽生えない。こうした種類の狂気に取り付かれた国や国家はすべてを失い、魂を失う。インドは現存するいい例だ――インドはその命を、栄光を、魂をすべて失ってしまった。こうした愚かさのせいで、インドは魂を失ってしまった。栄光は、繰り返しによって発展していくものではない。繰り返しは無意識を生み出すだけだ。

したがって繰り返しの手法を理解した文化、何かを繰り返すことで眠ることを覚えた文化は……あなたの子供が病気で家にいるとしよう。あなたは「ラーム、ラーム」と唱え、その状況から目をそむけることもできる。あなたが無意識になるにつれ、子供は消え、世間は消え、もはやあなたは我関せずになる。仕事が見つからないと、あなたは「ラーム、ラーム」と唱え、その状況から目をそむける。もはや仕事や食べ物のことを心配する必要はない。貧しい貧困の国は、こうした方法を見つけ続け、建設的な行動を避けている。そうやって、さらに困窮するばかりだ。

人生は、奮闘と苦闘によって変わるものだ。それに直面し、それを変えようと努力することによって、人生は変わる。人生は、目を閉じてマントラを詠唱すれば変わるものではない。これらはすべて、アヘンにすぎない。だから、言葉や名前やマントラを唱えることは忘れてしまいなさい。瞑想とは、あなたの内側深くにある意識を目覚めさせる手段だ。意識を眠らせる手段ではない。

あなたの内側深くに隠れているものが目覚めて、気づきが漲《みなぎ》る――内側で眠ったままでいるものが何ひとつないほどに。あなたの実存全体が目覚める。瞑想とは、そうした気づきの境地の呼び名だ。

しかしインドでは、無意識の状態で横たわっていても構わない。すると、まわりの人びとが、あなたは三昧《サマーディ》を達成したと言う。あなたは口から涎《よだれ》を垂らし、めまいを起こし、気絶して、そこに横たわっているのかもしれない。でも人びとは、あなたはサマーディを成就したと言う。これはヒステリーだが、人びとはあなたがサマーディにいると考える。これは瞑想でもサマーディでもない――ただのヒステリー症だ。無意識になることは、一種の病気だ。アメリカやヨーロッパでは、ヒステリーを起こしたり、病気になったりした人を治療する。しかしインドでは、人びとはあまりにも狂っていて無知だから、この偉大な人はサマーディを達成したと言って、その人のまわりで献身歌を歌う。知性があるなら、この偉大な人たち全員のために、何らかの治療を施すだろう。彼らはみな病んでおり、健康ではない。彼らの病気は精神的なものだ――精神的な緊張の最終的な結果だ。無意識になり、口から涎を垂らして地面に横たわっているのはサマーディではない。献身者たちが歌を歌い、その人はサマーディを達成したと言うのは、愚の骨頂だ。サマーディとは完璧な気づきであり、眠りや無意識ではない。

サマーディとは、実存が気づきに漲り、闇がまったく残っておらず、すべてが光に照らされているという意味だ。気づきというランプが、内側の深いところで灯された。サマーディとは、眠りや無意識ではない。それは気づきであり、油断のなさだ。サマーディにいる人は生涯を通じて、瞬間ごとに、一息ごとに、気づきと目覚めを保つ。こうした狂気やヒステリーはサマーディではない。しかし、首尾よく自分のまわりに献身者たちを集められるなら、彼は自分から誤りを指摘したりしない――「起こっていることは正しい、申し分ない！」。この愚行が何千年も続いてきた。そして不幸なことに、それがどれだけ続くのか予測もできない。あなたは、それが続くことに加担している。私は、詠唱や繰り返しを瞑想とは呼ばない。

瞑想の意味はふたつ――瞑想する努力をすること、そして内側に気づきを生み出すことだ。だから、今晩行なう瞑想のなかでも眠ってはいけない！　では、夜の瞑想を行なおう。

眠ってはいけない。身体をリラックスさせ、息をリラックスさせ、マインドを沈黙させる――でも眠ってはいけない。内側で完全に目覚めていなさい。だから私は、外側のすべてに耳を傾け続けなさいと言ったのだ。耳を傾けていれば、あなたは目覚めたままでいる。しかし、耳を傾けていないなら、眠ってしまう可能性がある。眠りは良いものであり、眠るのは悪いことではない――だが、眠りを瞑想と思わないように。眠りは必要なものだが、眠りは瞑想ではない――このことを覚えておきなさい。眠りが訪れないなら、詠唱をして眠りを誘うことも可能だ。しかし、自分は霊的な体験をしているのかもしれない、などと勘違いしてはいけない。あなたはそんな間違いを犯すことがある。難しいことではない。睡眠薬を飲むように、あなたはマントラを詠唱する。それはそれで構わない。マントラには睡眠薬のような効果があるだろう。

ヴィヴェカナンダがアメリカにいたとき、彼はマントラと瞑想について、いくらか話をした。すると新聞記事はこう報じた――ヴィヴェカナンダの言うことは、役に立つと思われる。マントラは薬ではない精神安定剤のようだ。それは眠りを誘う絶好の手段だと。

眠りを誘いたいのならそれはさておき、瞑想の境地をもたらすのは、まったく別の話だ。


さて、ここで行なう実験では、全員がリラックスし、ひたすら耳を傾けること。しかし、内側では完全に油断のなさを保つ。明日、油断なくあるという現象について、さらに話をしよう。そうすれば、もっとよくわかるようになるだろう。

この実験を行なう前に、いくつか理解しなさい。まず、これはとても簡単な実験だ。とても難しいことをしているといった思いを抱かないように。難しいと思えば、どんなことでも難しくなる――それが難しいからではなく、それを難しいものにする思い込みによって。簡単だと思えば、どんなことでも簡単になる。困難は、あなたの物の見方のなかに存在する。

あなたは、数千年にわたって言い聞かされてきた――瞑想は非常に困難なものであり、稀有な人びとの手にしか届かない、それは剣の刃の上を歩くようなものだ、などなどと……。こうした諸々のことによって、瞑想は稀有な人びとのものであり、すべての人のものではないとあなたは思い込んだ。「私たちにできるのは、何日も休むことなく、祈りや礼拝をしたり、あるいは『ラーム、ラーム』と唱えたり、献身歌を歌ったりすることだけだ。たいていは、マイクを使って大声で行なう。そうすれば自分たちだけでなく、近所の人たち全員が恩恵を受ける！」。あなたは、自分にできるのはこれが精一杯で、瞑想はごく少数の人だけのものだと思っている。これはすべて間違いだ。

瞑想は誰にでもできる。瞑想は実に簡単だから、瞑想できない人を見つける方が難しい。しかし、あなたは準備しなければならない。このような単純さのなかに入っていくときは、自分の可能性や役割や態度を理解する必要がある。それは非常に単純だ。もっとも単純なものと同じくらい単純だ。

蕾が花になるのと同じくらい単純に――それと同じくらい単純に、人のマインドは瞑想的になれる。しかし蕾が花になるには、光と水と肥料が要る。それは自然なことであり、それらは花に必要なものだ。同じように、瞑想的になるにはマインドに必要なものがある。そして、それこそ私たちが話していることだ。

昨日、私たちは身体に必要なものについて話をした。今日は、いかに健全なマインドをつくるか、マインドの錯綜した網からいかに自由になるかについて話してきた。明日は、第二のセンターであるハートについて話そう。ハートとマインドを理解したら、とてもたやすく第三のセンターに入っていける。

今日は、ここに新しい人が何人かいるだろう。私はその人たちに、これから横たわって瞑想すると言いたい。これは夜の瞑想であり、眠る前に横たわって行なう。さあ、みな自分のスペースを見つけて、他の人に触れないように横たわりなさい。何人かはこちらに来てもいい、何人かは前方の床に横になっても構わない。

第七章 ハートを調える

TUNING THE HEART

親愛なる人たちへ

思考のセンターはマインド、感情のセンターはハート、生エネルギーのセンターは臍だ。思考や熟慮は、マインドを通して起こる。昨日は思考のセンターについて、少し話をした。愛や憎しみや怒りといった感情の知覚や体験は、ハートを通して起こる。生エネルギーは臍を通して生じる。

初日に話したように、マインドはとても緊張しているから、リラックスさせる必要がある。思考活動には、多くの緊張やストレスが伴うものだ。マインドは、ストレスをたくさん抱えている。思考というヴィーナの弦は張りすぎているため、そこから音楽が生まれることはない。むしろその弦は切れ、人は掻き乱され——狂ってしまう。音楽が生まれるためには、是非とも思考というヴィーナの弦を緩めることだ。そうすれば弦の調子は調う。

ハートの状況は、マインドとは正反対だ。ハートの弦はとても緩んでいる。音楽が生まれるためには、それを少し締める必要がある。そうすればハートの弦の調子も調う。思考の弦は緊張を緩め、緩んだハートの弦は少し締めるといい。

思考と感情——その両方の弦の調子が調い、バランスがとれると、音楽が生まれる。その音楽を通して、臍へ向かって旅していくことができる。

昨日は、いかに思考が静まるかについて話をした。今朝は、感情の弦、ハートの弦がどうしたら締まるかについて話していこう。

しかしこれを理解する前に、人類は何世紀にもわたり、呪われて生きてきたことを理解する必要がある。その呪いとは、ハートの持つ特質が、ことごとく非難されてきたことだ。人は、ハートの持つ特質はすべて呪いであり、祝福ではないと思ってきた。この無知、この間違いは、計り知れないほどの害を及ぼしている。あなたは怒りを非難し、高慢さ《プライド》を非難し、憎しみを非難し、執着を非難し——あらゆるものを非難してきた。しかも、こうした特質はすべて、まさに自分が賞賛する特質が変容したものに他ならないことを理解せずに非難してきた。慈悲は怒りのエネルギーそのものが変容された形であることを理解せずに、あなたは慈悲を賞賛し、怒りを非難してきた。憎しみとして現われるエネルギーは、変容されて愛として再び現われることを理解せずに、あなたは憎しみを非難し、愛を賞賛してきた。この両方の背後にあるエネルギーは、異なるものではない。高慢さとして現われるものと同じエネルギーが謙虚さになることを理解せずに、あなたは高慢さを非難し、謙虚さを賞賛してきた。このふたつのあいだには、基本的に対立はない。それらは、同じエネルギーのふたつの側面だ。

ヴィーナの弦が緩みすぎているか張りすぎている場合、音楽家が弦に触れると、生まれる音は調子はずれで、耳障りで、癇に障る。この不協和音に抗議すべく、腹を立ててヴィーナの弦を壊し、ヴィーナを捨ててしまったら――そんなこともできるが、調弦《チューニング》さえすれば、同じ楽器から調和のとれた音が生み出されることを忘れてはならない。調子はずれな音はヴィーナのせいではない。ヴィーナが調弦されていなかったのがいけないのだ。ヴィーナが調弦されていれば、不協和音を生んだ同じ弦から、魂を癒す音楽が生まれたかもしれない。

同じ弦から、音楽的な音、非音楽的な音の両方が生まれる――これは、まったく相反しているように見える――また、両方の結果は正反対だ。一方はあなたを至福の境地へ導き、もう一方はあなたを不快な状態へ導く。だが、弦と楽器は同じものだ。

ハートのバランスがとれていないと、ハートに怒りが湧き起こる。同じハートでもバランスがとれると、最初は怒りだったエネルギーは慈悲へと変容する。慈悲は怒りの変容だ。

子供が怒りを持たずに生まれるなら、その子の生涯には決して慈悲が現われない。子供のハートに憎しみの可能性がないなら、愛の可能性もないだろう。

しかしこれまで私たちは、こうした感情は相反するものであり、一方を殺せば他方が乗っ取るという幻想のもとに生きてきた。これは完全に誤りだ。これより危険な教えはない――心理に即していないし、実に知性を欠いている。慈悲は、怒りを殺せば湧き起こるものではない。それは怒りの変容を通して達成されるものだ。慈悲とは怒りの消滅ではなく、調弦され、音楽的になった怒りなのだ。

だから、怒りに反発してそれを滅ぼそうとするなら、あなたは楽器を破壊しようとしている。また、それを破壊していくうちに、あなたの成長は弱まり、力を失うだろう。あなたのなかでは、ハートの質が何ひとつ成長できない。それは花を咲かせようとして、家のまわりに堆肥を積んでおくのと同じ状況だ――堆肥は、汚物と悪臭をいたるところに撒き散らす。そして、花の香りの代わりに堆肥の悪臭を受けて、あなたの生活は耐え難いものになる。

確かに花は堆肥によって咲くが、ただ家のまわりにそれを積んでおけばいいわけではない。堆肥は、まず変化を経る必要がある。それは根を通って植物のなかに入り込み、いつの日か、堆肥の悪臭は花の芳香に変わる。しかし、堆肥を家のまわりに積んでおくだけなら、その臭いのせいで気が変になるだろう。また、堆肥を捨ててしまうなら、花々は生気を失い、色褪せるだろう。堆肥の変容は、悪臭を芳香に変えることができる。

まさにこの化学、まさにこの錬金術こそ、ヨーガすなわち宗教性だ。生における無意味なものを、すべて意味あるものに変容する術《アート》こそ宗教なのだ。

しかし、あなたが宗教という名のもとに行なっていることは自殺行為だ。あなたは自分の意識を変容していない。あなたは数々の根本的な誤解とともに、呪いの濃い影がさすなかで生きている。あなたのハートが成長しないままなのは、ハートの基本的な質を非難してきたからだ。このことを、もっと深く理解するといいだろう。

その人が正しく成長しているなら、怒りは人生のなかで重要な役割を果たす。怒りには独自の色彩がある。それが取り除かれたら、人の生という絵はどこか未完成で、何か色彩を欠いているだろう。しかしあなたは、幼い頃から子供たちに、特定の質を抑えなさいと教え始める。そしてこうした質を抑圧した結果、子供たちは次第にあなたが悪いと言うことをすべて抑圧し、自分のなかに抑え込む。すると、抑圧されたハートは弱々しくなる。なぜなら、その弦は正しく調弦されていないからだ。そしてあなたの教育は、マインドより深くには進まないから、この抑圧はマインドに起こる。

子供に怒りは悪いことだと教えても、この教えはハートには届かない。ハートは聞く耳を持っていないいし、考える言葉を持っていない。この教えはマインドに入り込む。そして、マインドはハートを変えられない。すると、ここで問題が生じる——マインドのセンターは、怒りは悪いことだと考えるが、ハートのセンターはそのようには考えないのだ。ハートはマインドとつながりがない。だから毎日のようにあなたは怒り、毎日のように後悔し、二度と怒らないようにしようと決意する。でも翌朝目覚めると、また怒ってしまう。自分は何度も怒るまいと決意するのに、それでも怒り出してしまうから、あなたは我ながら驚く。

あなたは、怒りを感じるセンターがマインドのセンターと異なることを知らない。「怒るまい」と決意するセンターは、怒るセンターとは完全に異なっている。それらは、まったく異なるふたつのセンターだ。だから決意も後悔も、怒りに影響を及ぼさないのだ。あなたは怒り続け、それを後悔し続け、そのことで狼狽し続ける。このふたつのセンターはとても隔たっており、一方が決めた決意はもう一方にまったく届かない――それをあなたは理解していない……だから人は内側で分裂してしまう。

ハートのセンターは、特定のはたらき方をする。それが成長するには、特定のものが必要だ。マインドがハートのセンターを妨害すると、それは掻き乱され混沌となる。どの人のハートのセンターも、完全に混沌と化し、完全に掻き乱されてしまっている。第一の要点は、是非とも怒りを変容することだ――ただし、怒りを殺すべきではない。

さて、ハートの弦を締める第一の鍵は、ハートのあらゆる質を成長させることだ――何ひとつ殺してはならない。あなたは少し当惑するかもしれない。怒りを成長させる必要があるのだろうかと。私はあなたに言おう――もちろん怒りを成長させるべきだと。なぜならある日、怒りは変容されて慈悲になり得るからだ。さもなければ、慈悲は決して湧き起こらない。世界のもっとも慈悲深い人びとの伝記を読めば、彼らは若い頃、とても怒りっぽかったことがわかるだろう。怒りには独自の尊厳があり、独自の誇り《プライド》がある。世に存在した偉大な禁欲者の伝記を読むと、彼らは若い頃とても精力旺盛であったことがわかるだろう。

ガンジーが偉大な禁欲者になったのは、若い頃にとても精力旺盛だった結果に他ならない。ガンジーの父親の死が近づいていたとき、医者は彼に、父君は今晩もたないだろうと告げた。しかしその夜でさえ、ガンジーは妻のもとを離れることができなかった。それは、父親の生涯最後の夜だった。父親のそばに座って当然だっただろう。それは最後の別れであり、二度と父親に会うことはないのだ――しかし、夜中にガンジーは妻のもとに行った。そのことは、彼のマインドにとても強い衝撃《ショック》を生んだ。ガンジーの禁欲主義は、このショックによって生じた。そのショックは、彼の過度に性的なマインドのエネルギーを、すべて禁欲への願望に変えた。

どうして、そんなことが起こり得たのだろう？　それが起こり得たのは、エネルギーというものは常に中立だからだ。方向の転換があるにすぎない。セックスに向かって流れていたエネルギーが、反対方向へ向かって流れ始めたのだ。

すでに溢れるエネルギーがあるのなら、それはどちらの方向へでも流れていける。しかしエネルギーがないのなら、どこかへ動いていけるものは何もない。いったい何が動くだろう？　すべてのエネルギーは、正しく成長すべきだ。道徳的な教義という観念は、人を非常に惨めで無力な存在にしてしまった。昔、人びとはあなたが体験するよりも深く、生を体験していた。

ラージプットの二人の若者が、アクバル王の宮廷へ出かけた。彼らは兄弟だった。彼らはアクバルのもとに出向いて言った、「僕らは仕事を探しています」

アクバルは言った、「何ができる？」

彼らは言った、「どうすればいいのかわかりませんが、僕らは勇敢です。あなたには僕らが必要だと思いますよ」

アクバルは言った、「勇敢であるという証明書をもらったことでもあるのか？　お前たちが勇敢であるという証拠がどこにある？」

二人は笑い出して言った、「勇敢さに証明書なんてあるでしょうか？　僕らはまさしく勇敢なのです！」

アクバルは答えた、「証明書がないなら、仕事はもらえないぞ」

彼らはまた笑った。彼らは剣を抜くと、またたく間にお互いの胸を貫いた。アクバルはショックを受けた。二人の若者は地面に倒れ、あたり一面に血が流れていた——それでも、彼らは笑っていた！　彼らは言った、「アクバル殿、あなたは勇敢さの証明書はひとつしかないことをご存知ありません。それは死です。それ以外に証明書はないのです」。彼らは、二人とも息絶えた。アクバルの目に涙が溢れた。そんなことが起ころうとは、思いもよらなかった。彼はラージプットの軍司令官の一人を呼んで言った、「実にゆゆしい事件が起こった。ラージプットの二人の若者が、お互いに殺し合ってしまったのだ。私は彼らに、証明書を見せてくれと言っただけなのに！」

軍司令官は言った、「あなたは間違ったことを要求したのです。こんなことがあれば、どのラージプット人も血をたぎらせることでしょう。死をおいて他に、勇敢さの証明書があるでしょうか？私は勇敢だ、人は私のことを勇敢だと思っているといった証明書を持っているのは、臆病者か軟弱者だけです。どうして勇敢な者が、人柄の証明書を持って来られるでしょう？　あなたは間違った質問をなさいました。あなたは、ラージプット人に対する口のきき方をまったくご存知ない。彼らのしたことは正しいのです。それ以外の行動をとる可能性はありませんでした。それは、唯一の選択だったのです」

何と強烈な怒り！　何という輝き！　このような人格には、途方もない威厳がある。人間はこうした資質を失いつつある。人間の持つ輝き、勇気と強さは、どれも滅ぼされつつある――なのにあなたは、彼に良い教育を授けていると思っているのだ！　しかし、これは事実ではない。あなたの子供たちは、非常に間違った成長をしている。内側には、真の人間が育っていない。

ある有名なラマ僧が、自伝に書いている。「五歳のとき、私は勉学のために大学へ送られた。そのとき私は、ほんの五歳だった。夜、私の父親は、翌朝お前は大学に送られることになると私に告げた。そして言った、『私も母さんも、お前に別れを告げない。母さんはその場にいないだろう。なぜなら、母さんは目に涙を溜めるだろうし、母さんが泣くのを見たら、お前は母さんの方を振り返り続けるだろうから――我らの一族には、振り返る者は一人もいなかった。私もその場にはいないだろう。なぜなら馬に乗ったのち、たとえ一回でもお前が振り返ったら、お前はもはや私の息子ではないからだ。この家の扉は、お前に対して永遠に閉ざされる。明日の朝は、召使たちがお前に別れを告げるだろう。覚えておきなさい。馬に乗ったら振り返ってはいけない。我々の一族には、振り返る者は一人もいなかったのだ』」

五歳の子供に、これほどの期待をするとは！　五歳の子供は朝の四時に起こされ、馬に乗せられた。召使たちが、彼に別れの言葉を述べた。彼が立ち去るとき、ある召使が言った、「坊ちゃん、お気をつけて。あなたの姿は曲がり角まで見えます。お父上は二階から見ておられますよ。曲がり角になるまで振り返ってはいけません。この家の子供たちはみな、このように出発していったのです。でも、一人も振り返りませんでした」。また、召使はこうも言った、「あなたが送られる場所は、普通の大学ではありません――その大学では、国のもっとも偉大な人物が学んできました。非常に難しい入学試験があるでしょう。ですから何が起ころうと、全力を尽くして入学試験に合格することです。もし合格しなかったら、この家にあなたの居場所はないのですから」

五歳の子供に、こんなに厳しくするとは！　彼は馬の背にまたがった。彼は自伝で書いている――馬の背にまたがると、「私の目から涙がこぼれ始めた。しかし、どうして家を、父を振り返ることができよう？　私は、未知なるものに向けて出発しようとしていた。私はとても幼かったが、振り返ることはできなかった。私の家では、振り返る者は一人もいなかったからだ。もし父がそれを見たら、私は永遠に実家の敷居をまたげないだろう。だから私は、こらえて前を向き、決して振り返らなかった」

この子のなかに、何かが生まれようとしていた。この子のなかで、臍のセンターを強めるために、意志の力、生きるエネルギーが目覚めようとしていた。この父親は冷酷であったのでなく、とても愛情深かったのだ。そして、愛情深そうに見える母親や父親たちは、みな間違っている。彼らは、子供たちの内なるセンターを軟弱にしている。子供たちのなかに、強さや決意が生まれることはない。

子供は学校に到着した。彼は五歳の子供だった——彼の能力がいかなるものになっていくか、知るすべはなかった。校長は言った、「ここの入学試験は難しいぞ。目を閉じて入り口のそばに座りなさい。そして、私が戻るまで目を開けてはいけない——何が起こってもだ。これが君の入学試験だ。目を開けたら君を送り返そう。しばらくのあいだ目を閉じて座る程度の強さすらない者は、何も学べない。そんなことでは、学びの扉は閉ざされる。君はそれに値しないということだ。そのときは出て行って、何か別なことをするがいい」。これらはすべて、五歳の幼い子供に対してのことだ……。

彼は入り口の近くに目を閉じて座った。ハエが彼を悩ませ始めた。しかし、決して目を開けてはならないことを彼は承知していた。ひとたび目を開けたら、試験は終わりなのだ。他の子供たちが学校に出入りしていた。ある者は彼をつっつき始め、ある者は彼にちょっかいを出し始めた。しかし彼は、目を開けまいと決意していた。さもないと、すべてが台なしになる。そして彼は、入学試験に合格しなかったら、父親の家は彼に対して永遠に閉ざされると召使が言ったことを思い出した。

一時間が過ぎ、二時間が過ぎた――彼は目を閉じて座り、間違って目を開けてしまうのではないかと恐れていた。目を開ける誘惑はいろいろあった。通りは混雑し、子供たちは駆け回り、ハエは彼を悩ませ、ある子供たちは彼をつっついたり、彼に石を投げたりしていた。先生が来たかどうかを見るために、彼は目を開けたいと思った。一時間が過ぎ、二時間が過ぎ、三時間、四時間――彼はそこに六時間も座っていた！

六時間たち、先生がやって来て言った、「やあ、君の入学試験は終わった。来なさい、君は強い意志を持つ若者になるだろう。君には、何でも望むことを実行する決意がある。五、六時間も目を閉じて座っているのは、その歳にしては立派なことだ」。先生は彼を抱きしめて言った、「心配することはない。あの子たちは、君にいやがらせをするように言われていたのだ。君が目を開けるのを誘惑するために、ちょっと君を悩ませるように言われていたのだ」

ラマ僧は書いている、「そのころ私は、自分がずいぶん厳しい扱いを受けていると思っていたが、いま人生の最後に臨み、私に厳しかった人びとに対して感謝の念に溢れている。彼らは私のなかの何かを目覚めさせ、眠っていた力が動き出したのだ」

あなたのしていることは逆だ。あなたは「子供を叱ったり、叩いたりしてはいけない」と言う。いま世界中で、体罰はすっかり影をひそめてしまった。子供たちは叩かれず、体罰を受けずに済んでいる。これは賢明なことではない。なぜなら、罰は愛から生まれるものであり、敵意から与えられるものではないからだ。何らかの体罰を受けた子供たちは、内側でセンターが目覚めている。背骨がまっすぐで、しっかりしている。彼らの内側には、決意が芽生えている。義憤や誇りも芽生え、内なる強さも生まれ、それは育っていくだろう。

私たちは、背骨を持たず、地を這うばかりで、ワシのように大空を飛べない人間をつくっている。私たちは、背骨のない、這いずり、這い回る人間をつくっている。しかも、それを慈悲と愛と道徳心から行なっていると思っているのだ。

あなたは、人に怒ってはいけない、激情を表わしてはいけないと教え、弱々しく煮え切らない人間になれと教える。そのような人の生には、魂などあり得ない。この人の内側には、魂などあり得ない。なぜなら彼は、魂に必要な、ハートを揺さぶる感情を抱けないからだ。

オマールというイスラムの王がいた。彼はある人物との戦いに、十二年にわたって悪戦苦闘していた。最後の戦いで、彼は宿敵の馬を殺し、男を地面に倒し、その胸にまたがった。槍を構え、まさに彼の胸に突き刺そうとしたとき、敵は彼の顔に唾を吐いた。オマールは槍を捨てると立ち上がった。敵は驚いて言った、「オマール、貴様は十二年ののちにとうとう俺を殺すチャンスを手にした。なぜ、それを見逃す?」

オマールは言った、「お前は私にふさわしい敵だと思っていた。だが、私の顔に唾を吐いて、お前は自分の下劣さをさらけ出してしまった。もはや、お前は殺せない。お前が見せた下劣さは、勇敢な男の質ではない。私はお前のことを、自分と肩を並べる人物だと思っていた。だから十二年にわたって戦い続けてきたのだ。だが、槍でとどめを刺そうとしたら、お前は唾を吐いた——これは勇敢な男の振る舞いではない。お前を殺したら、私は罪を犯すことになるだろう。私に唾を吐くことしかできない弱者を殺したら、世間は私に何と言うだろう？　事は終わった。お前を殺して罪を犯そうとは思わない」

彼らはすばらしい人たちだった。近代的な武器や兵器の発明は、人類の価値あるものをことごとく滅ぼしてしまった。一対一の闘いは、それ自体に価値があった。それは人の内側に潜むものを、すべて露わにしたものだ。今日、兵士は誰も直接戦わない——彼は飛行機から爆弾を発射する。これは勇敢さとは無縁であり、内なる質とは無縁だ。彼はただ座って、マシンガンのボタンを押すだけだ。

人の内なる実存に隠されたものを目覚めさせる可能性は、減ってしまった。だから、人間がとても弱く、脆弱になってしまったのも驚くことではない。彼の本当の実存は、成長していけない。彼の内側のさまざまな要素は、互いに結合することも、表現されることも、明かされることもない。

私たちの教育システムには驚かされる。人のハートの質は、どれも情熱的に、最大限に伸ばされるべきだと私は思う。これを優先することだ。最大限に伸ばされてこそ、変容が可能となる。あらゆる変容は頂点で起こる。それより下だと、変容は起こらない。水が熱せられても、ぬるま湯では水が沸点に達するときに変容が起こり、水は蒸発し始める。水は百度で蒸気に変わる。それ以前では蒸気にならない。ぬるま湯は蒸気にならない。

あなたたちはみな、煮え切らない人びとだ――あなたの人生には、変容など起こらない。あなたのマインドとハートの質を、すべて最大限に伸ばすことだ。そのときはじめて革命が生じる。そのときはじめて変化が生じる。怒りに激しさがあるとき、それは慈悲に変容される。さもなければ変容はない。

しかし、あなたは怒りや貪欲や情熱を敵にまわす。だから、あなたは煮え切らない人間にしかならないのだ。すると、生はただのぬるま湯のまま、いかなる変容も起こり得ない。この生ぬるさは、人類に途方もない悪影響を与えてきた。

私の見解《ヴィジョン》によると、まず理解すべきことは、あなたの人格やハートにおけるすべての質を正しく伸ばすことだ。あなたにはわからないかもしれないが、激しい怒りは、それ自体に美しさがある。激しい怒りには、輝きやエネルギーや意味がある。それは、人格に独自に貢献している。ハートのあらゆる感情を、極限まで伸ばすといい。

さて、第一の要点は、ハートの質は伸ばすべきであり、殺すべきではないということだ。

第二の要点は何だろう？　第二の要点は、気づきは必要だが、抑圧はいけないということだ。ハートの感情を抑えれば抑えるほど、それらは無意識になる。

私たちは、何であれ抑圧したものをすべて見失ってしまう。それは暗闇のなかに進む。ハートのすべてのエネルギーを、まざまざと見ることだ。怒りを感じたら、「ラーマ、ラーマ」と詠唱することによって、それを抑圧しようとしてはいけない。怒りを感じるなら、部屋に一人で座り、ドアを閉めて怒りに瞑想しなさい。徹底的に怒りを見つめなさい——「この怒りは何だろう？　この怒りのエネルギーは何だろう？　この怒りはどこから生じるのか？　なぜ生じるのか？　どうやって私のマインドを取り囲み、私に影響を及ぼすのか？」

一人きりで怒りに瞑想しなさい。徹底的に怒りを見つめ、それを理解し、それを認識しなさい——それはどこから生じたのか、なぜ生じたのか？　すると次第に、あなたは怒りの主人《マスター》になるだろう。そして自分の怒りの主人となった者は、偉大な力と偉大な強さを手にする。彼は強靭になり、自分自身の主人となる。

だから、問題は怒りと闘うことではなく、怒りを知ることだ。覚えておくといい、知ることよりも偉大なエネルギーはない。自分自身のエネルギーと闘うほど愚かなことはない。自分自身のエネルギーと闘っている者は、自分の手と取っ組み合いをしている人と同じ過ちを犯している。一方の手がもう一方の手と取っ組み合いをしたら、どちらの手も勝てない。なぜなら、両方とも同じ人間のものだからだ。エネルギーは両方の手を流れている。このふたつの手が闘ったら、エネルギーは消散する。勝つことなど不可能だ。こうした争いでは、あなたは負けるだろう。あなたのエネルギーは、すべて無駄になる。

怒りのなかにあるのは、誰のエネルギーだろう？――それはあなた自身のエネルギーだ。エネルギーはあなたのものだ。しかし、あなたはそれと闘う者でもある。自分を分割して闘うなら、あなたはバラバラに壊れていくばかりだ――あなたは分裂し、まとまりのある人間にはなれない。自分自身と闘う者にとって、人生の行き着く先は敗北しかない。勝利はあり得ないし、不可能だ。闘ってはいけない。自分自身のエネルギーを知り、それを理解し、それを熟知しなさい。


さて、第二のポイントは抑圧でなく気づきだ。抑圧してはいけない。エネルギーが生じたら、いつであろうと、どんなエネルギーであろうと、それを抑圧してはいけない。あなたは、未知なるエネルギーの集合だ。あなたは、実に未知なるエネルギーの中心なのだ。あなたはそのエネルギーを知らず、それに気づいてもいない。

何千年もの昔、雷が地上に落ちたとき、人は驚いたものだ。彼は手を組んで言った、「おお、神様！　あなたはお怒りになられたのですか？　どうされたというのです？」。彼は恐れた。その恐れの原因は雷だった。しかし今日では、私たちは電気について知っており、それを自由に操れるようになっている。だから今日では、雷は恐れの原因にはならない。むしろ、電気は僕《しもべ》となっている。それは家々に明かりを供給し、病人の治療を助け、機械の作動を維持する。人間の生活全体は電気の影響を受け、電気によって機能している。人は電気の主人となった。しかし数千年にわたって、人はそれを恐れていた。なぜなら、電気とは何かを知らなかったからだ。ひとたびその正体を知れば、私たちはその主人となる。

知はあなたを主人にする。あなたのなかには電気よりも強力な、多くのエネルギーが燃え、輝いている。怒りが燃えて輝き、憎しみが燃えて輝き、愛が燃えて輝いている。あなたは、その事態を恐れる。というのも、あなたはこうしたすべてのエネルギーが何であるかを知らないからだ。

あなたの生を内なる実験室とし、内側にあるこれらのエネルギーすべてを理解し始めなさい――それらを見守り、認識しなさい。たとえ故意でなくとも、抑圧してはいけない。間違っても恐れてはいけない。何であれ、内側にあるものを知るよう努めなさい。怒りがやって来たら、幸運に思うことだ。そして、あなたを怒らせた人に感謝しなさい。彼はあなたに機会を授けてくれた――あなたの内側にエネルギーが生まれ、いま、あなたはそれを見つめることができる。一人で静かに見つめなさい。探求し、それが何であるかを理解しなさい。

知が育つにつれ、理解はよりいっそう深まる。自分の怒りの主人となるにつれ、怒りが自分の支配下にあることがわかるだろう。自分の怒りの主人となる日は、怒りを変容できる日だ。

あなたは、自分が主人となったものだけを変容できる。自分が主人となっていないものは変えられない。そしていいかね、あなたは決して、自分が闘っているものの主人にはなれない。敵の主人となるのは不可能だからだ。人は、友人の主人にしかなれない。自分の内側にあるエネルギーの敵になったら、あなたは決して、その主人にはなれない。愛と友情がなければ、決して勝利はできないのだ。

あなたの内側にあるエネルギーという無尽蔵の宝を、恐れたり非難したりしてはいけない。自分の内側に隠されたものを理解し始めなさい。

人の内側には莫大なものが隠されている――際限はない。私たちはまだ、人類の始まりの地点にすらいない。おそらく一万年か二万五千年ののちに、人類は現在のサルと私たちと同じくらいに隔たっていくだろう。完全に新しい人種が進化し得る――なにしろ私たちは、人間にどれほどのエネルギーがあるのか、まだ知らないのだから。

科学者によると、人間の脳の約半分は、まだ完全に使われていないそうだ。まったく使われないものが、脳を構成している。脳のごく狭い領域が使われているだけで、残る領域は仕事をしていない。この、残る領域が無用であるはずはない。なぜなら、自然界に無用なものはないからだ。人間の経験や知識が豊かになれば、仕事をしていない領域は活性化し、機能し始めるかもしれない。そのとき人間は何を知ることが可能なのか、それは想像を越えている。

ある人が盲目だとしたら、彼の世界に光はない。彼にとって、光は存在しない。目がないのなら光はない。目を持たない動物は、この世に光が存在することを知りもしないだろう。彼らは光の存在を想像すらできないし、夢に描くことすらできない。私たちには五感がある。誰にわかるだろう？――もし第六感があったら、私たちはこの世に存在する、もっと多くのものを知るだろう。また、私たちに七つの感覚があったら、さらに多くのことがわかるだろう。私たちの感覚の限界など、誰にもわからない。また、そうした感覚がどれほど卓越したものになり得るか、誰にもわからない。

私たちの知っていることはごくわずかであり、私たちはそれよりもさらに狭く生きている。内面を知っていけばいくほど、私たちはもっと内面へ入っていける。また、内面に関してより多くのことを知れば、生エネルギーはさらに発展し、魂は結晶化するだろう。

心に留めておくべき第二の鍵は、いかなるエネルギーも抑圧してはいけないということだ。それらを知り、認識し、覗き込み、見つめる。このことから、あなたは実に驚くべき体験を得るだろう。努めて怒りを見つめると――静かに座って怒りを深く見つめると、それは消えてしまう。怒りを見守ると、それは消える。マインドに性的な感覚が生まれたとき、それらを見つめ続けると、消えることがわかる。この性欲は無意識から生じ、それは観察することによって消えることがわかるだろう。

するとあなたは、すばらしい手法を発見したことに気づく。怒りやセックスや貪欲は、無意識のなかでのみ、自分を支配することを発見するだろう。それらを見守り、気づきを持ち込めば、どれもみな消えてしまう。

私には、怒りに悩んでいる友人がいた。彼は言った、「私は、怒りにひどく掻き乱されてしまう。怒りは、どれほど私のコントロールを超えていることか。自分自身で何も手を下さなくて済むよう な、怒りのコントロール方法を教えてくれないだろうか——というのも、私はほとんどお手上げで、怒りに対しては何もできないと思っているんでね。自分の努力では、この怒りから抜け出せない気がするよ」

私は彼に、「さあ、私は怒るぞ」と書かれた紙切れを渡した。私は彼に言った、「この紙をポケットに入れておきたまえ。そして怒りを感じるたびにそれを取り出し、読み、再びしまうのだ」。私は言った、「少なくとも、この程度はできるだろう。これは最小限だ。これより少ないことは授けてあげられないよ。この紙切れを読み、それからポケットにしまってごらん」。彼はやってみようと言った。

二、三ヵ月して私は再び彼に会い、「どうだったかい?」と尋ねた。

彼は言った、「驚いているよ。この紙はマントラのように効き目があった。私は怒りを感じるたびに、それを取り出した。取り出す瞬間、私の手足はすくんでしまう。手をポケットに入れると同時に、私は自分が怒っていることに気づき、内側の何かが緩むんだ。つねづね内側で私を支配していた怒りは、突然消え失せてしまった。手がポケットに入ると同時に、怒りは落ち着き、もはや紙を読む必要すらなくなる。怒りを感じたら、私はポケットのなかの紙切れを眺め始めるのさ」。彼は私に尋ねた、「どうしてまた、この紙切れにこんな効果があるのだろう? どんな秘密があるんだい?」

私は言った、「秘密なんてないさ。単純なことだ――無意識になるたびに、君のマインドは堕落し、バランスを失い、混沌となって君を支配する。しかし君が気づけば、すべては消え去るのだ」

つまり、見守ることにはふたつの成果がある――第一に、自分自身のエネルギーに対する理解が増し、そうした理解があなたを主人にする。そして第二に、あなたに及んでいたこうしたエネルギーの支配力が弱まる。あなたは次第にわかるだろう――はじめのうち、あなたは怒りがやって来てから怒りを見守った。そのうち次第にわかるだろう――怒りがやってくるのと同時に、油断のなさが訪れる。そして最終的には、怒り出しそうなときに、油断のなさはすでにそこにある。怒りよりも先に油断のなさが訪れるとき、もはや怒りが生じる可能性はない。

生じる前に気づくことは、価値がある。悔やむことに価値はない。なぜなら、それはあとから生じることであり、あとの祭りだからだ。あとで泣いたり、めそめそしたりしても無駄だ。何であれ起こったことは、やり直しがきかないのだから。引き返すチャンスはないし、手立てもないし、扉もない。だが、まだ起こっていないことは変えられる。悔やむとは、何かが起こったあとに痛みを体験することに他ならない。それは無意味だし、まったく知性的ではない。あなたは怒った――これは間違いだった。そして今度は悔やんでいる――これは、さらなる間違いだ。あなたは不必要に掻き乱されている。それには何の価値もない。必要なのは、気づきが先行することだ。このような気づきは、あなたがハートのあらゆる感情を、ゆっくり見守るにつれて成長していく。

第二の鍵は、見守ること、抑圧しないことだ。

そして第三の鍵は変容だ。

ハートの質は、すべて変容できる。あらゆるものがさまざまな形を持っており、どれも反対の形に変わり得る。善なるものや、祝福あるものに転換できない質やエネルギーはない。そして覚えておきなさい、悪になり得るものは、必ず善になり得る。有害になり得るものは、必ず有益になり得る。有益なことと有害なこと、善と悪は、方向性だ。要は、物事の向きを変えて、変容させるということにすぎない。そうすれば物事は変化する。

ある男が、デリーと反対の方向へ走っていた。彼は立ち止まって人に尋ねた、「デリーまで、どのくらいだろう?」

男は答えた、「そっちに向かって走り続けるなら、デリーに着くまで世界を一周しないといけないよ。いま、あんたはデリーを背にして走っているからね! でもUターンすれば、デリーは一番近い街だよ。くるりと向きを変えればいいだけのことさ」

男が走っている方向だと、デリーに到着するまでとても時間がかかるだろう。しかし百八十度向きを変えれば、彼はもうデリーにいる。

いま行こうとしている方向に進み続けるとしたら、あなたはどこにも辿り着かない。たとえ地球を一周しても、あなたはどこにも辿り着けない。なぜなら地球は小さく、マインドは巨大だからだ。地球を一周することはできても、マインドを一周することは不可能だ――マインドは広大で果てしない。地球を丸々一周することなら可能だ――男はデリーに戻るだろう。しかし、マインドは地球よりもさらに大きい。一周するのは大変な長旅だ。だから完全に回れ右をし、完全に方向転換すること――この理解を、第三のポイントとして心に留めておくことだ。

いま、あなたが進んでいる道は間違っている。間違っているという証拠は何か？　何かが間違っているという証拠は、こんなことだ――進めば進むほど、あなたは空っぽになっていく。進めば進むほど、よけいに悲しくなる。進めば進むほど、イライラしてくる。進めば進むほど、いっそう闇に包まれる。こんな状況だとしたら、あなたは確実に間違って進んでいる。

至福こそ生の唯一の基準だ。あなたの生が至福に満ちていないなら、間違って進んでいるのだと理解しなさい。間違っているという基準になるものは苦悩であり、正しいという基準になるものは至福だ――他に基準はない。経典を読む必要もないし、導師《グル》に尋ねる必要もない。必要なのは、ますます至福に満ちていっているか、至福がますます深まっているかどうかを理解することだけだ。もしそうなら、あなたは正しく進んでいる。そして、苦悩や痛みや苦悶が増しているなら、間違って進んでいる。他人を信じることはできない。日々自分の生を見つめ、さらに悲しくなっているか、さらに至福に満ちているかを見極めることだ。自分自身に問いかければ、難しいことはないだろう。

子供の頃はとても楽しかった、と老人は言う。これはどういうことか？　彼らの歳の重ね方は間違っていたのだろうか？　子供時代――喜びの時代は、生の始まりだった。そしていま、生の終末に際して彼らは悲しんでいる。始まりは楽しく、終わりは悲しい……だとしたら、生の進み方は間違っていたのだ。逆のことが起こるべきだった。成長するにつれ、子供の頃の楽しさが日に日に増していく――こうしたことが起こってしかるべきだった。すると彼は年老いて言うだろう――自分の子供時代はもっとも痛みに満ちていた、なぜならそれは生の始まりであり、最初の段階だったからと。

学生が大学へ学びに行き、「勉強を始めた頃にあった知識が、だんだん消えてゆくよ」と言ったら、私たちは彼に聞くだろう、「君は学んでいるんじゃないのか？　知識を得ているんじゃないのか？　そいつは実に奇妙だ」と。彼が「勉強を始めた頃、自分はもっと無知だった」と言ったら、私たちは理解できるだろう。何年か学べばより多くのことを知るはずであり、より少なくなることはないはずだ。それは当然だ。しかし、前よりもわからなくなると言うなんて、実に奇妙な感じがする。

人びとはいつも、「子供の頃はもっと楽しかった」と言う。詩人は、至福に満ちた子供時代を詩に歌う。彼らは頭がおかしいに違いない。子供時代が至福に満ちていたのなら、いま悲しいのは、あなたが人生を無駄に費やしてしまったからなのだろうか？　あなたは、子供時代に死んでしまえばよかった――少なくとも至福に満ちて死ねただろう。いま、あなたは悲嘆のなかで死のうとしている。だから、子供時代に死ぬ人は幸運だ。

長生きすればするほど、喜びは増していくべきだ――でも、あなたの喜びは減っていく。詩人は間違ったことを言ってはいない――彼らは自分の人生経験を語っているのだ。彼らは正しい。あなたの喜びは減っていく一方だ。本当は増えていってしかるべきだが、何もかもが日ごとに減り続けている。つまり、あなたの成長の仕方が間違っているのだ。

あなたの生の方向性は間違っている。あなたのエネルギーは間違っている。常に油断なくあり、常に知ろうとする姿勢が大切だ――その明確な基準を、しっかり心しておくといい。基準が明確なのに間違って進んでいるとしたら、正しい方向へ進むのを阻んでいるのは他の誰でもなく、あなた自身だ。

ある晩、二人の僧侶が自分たちの小屋に辿り着いた。四ヶ月のあいだ、彼らは遠く旅をしていた。しかし、いまは雨季だったので、自分たちの小屋に戻ってきたのだ。だが小屋に到着すると、先を歩いていた若い方の僧侶が急に怒り出し、嘆き始めた。嵐の風が小屋の半分を持ち去り、残されていたのは半分だけだったのだ。彼らは四ヶ月ののち、雨をしのいで小屋で休めるものと期待して帰ってきたが、もはやそれは難しかった。小屋の半分は倒れ、屋根は風に持っていかれていた。

若い僧侶が年老いた連れに言った、「ひどすぎる！　こんなことがあると、神の存在に疑いを抱いてしまうよ。罪人たちは町に豪邸を構え、彼らには何も起こらない。なのに私たちのような、貧しくて日夜祈りに明け暮れる者の小屋は壊れるのだ。神が存在するかどうか、疑ってしまうよ！　この祈りの仕事は正しいのだろうか、それとも私たちは間違いを犯しているのだろうか？　たぶん罪を犯す方がいいのだろう——罪深い者の豪邸は無事で、祈る者の小屋は風に吹き飛ばされるのだから」

若い僧侶は怒りと非難に満ち、自分の祈りはすべて徒労だったと感じた。しかし彼の年老いた連れは、組んだ手を天に差し伸べた。すると、喜びの涙が彼の目からこぼれ始めた。若者は驚いた。

「何をしているんだ？」と彼は言った。

老人は言った、「神に感謝しているのだ。というのも、風がどんな仕業をするか、誰にわかるだろう？　風は小屋をすべて吹き飛ばすこともできた。しかし、神が風に対して障害物をつくり、そうやって私たちのために小屋の半分を守ってくれたに違いない。神は、私たちのような貧しい者たちのことも気にかけてくださる。だから感謝しないといけない。私たちの祈りは聞き届けられた。私たちの祈りは徒労ではなかったのだ——さもなければ、屋根はすべて吹き飛ばされていただろう」

その晩、二人は眠った——しかし、あなたにも想像できるだろうが、二人の眠り方は違っていた。怒りと憤怒に満ち、自分の祈りは徒労だったと思った男は、一晩中、寝返りを続けていた。しかも、ありとあらゆる悪夢や心配事が、彼のマインドを駆け巡っていた。彼は心配した。空には雲がかかり、雨が降りそうだった。屋根の半分が風に吹き飛ばされたため、空が見えたのだ。明日は雨が降り始めるだろう――そうしたら、どうなる？

もう一人は、とても深く眠った。実存が感謝と謝意に満ちている者ほど、安らかに眠れる者はいない。彼は朝起きると、踊り、歌を歌い始めた。歌のなかで彼は言った、「おお神よ、壊れた小屋にこれほどの至福があろうとは知りませんでした。前から知っていたら、あなたの風を気に病むこともなく、自分たちで屋根を半分取り去ったでしょう。これほど至福に満ちて眠ったことは、ありませんでした。屋根の半分がなかったので、夜中に目を開けるたび、あなたの空に星々や寄り集まる雲を見ました。そしていま、雨が降り出そうとしています。それはさらに美しいことでしょう。あなたの雨だれの調べを、もっと鮮明に聞くことができるのですから。私たちは愚か者でした。数多くの雨季を、小屋のなかに隠れて過ごしていたのですから。私たちは、空や風や雨にさらされることが、どれほど心躍ることか知りませんでした。気づいていたら、あなたの風を気に病むこともなかったでしょう。自分たちで屋根を半分、取り除いたでしょう」

若者は尋ねた、「私が聞いているのは何だ？　このたわ言は何だ？　この馬鹿さ加減は何事だ？　あなたは何を言っている？」

老人は言った、「私は物事を深く見つめてきた。そして私の経験では、何であれ自分をさらに幸せにしてくれるものは、生における方向性が正しい。また、何であれ自分をさらに苦しめるものは、生における方向性が間違っている。私は神に感謝し、私の至福は増した。君は神に腹を立て、君の苦悶は増した。君は昨晩よく眠れなかったが、私は安らかに眠ったよ。いま私は歌を歌えるが、君は怒りに燃えている。ずいぶん前に私は、生がより至福に溢れるのが正しい方向だと理解したのだ――そして自分の全意識を、そちらの方向に集中させてきた。神が存在するかどうか、私は知らない。彼が私たちの祈りを聞き届けたかどうか、私は知らない。私は幸せで踊っていて、君は泣いたり、怒ったり、心配したりしている――これが証拠だ。私の至福は、私の生き方が正しいことを証明している。君の苦悶は、君の生き方が間違っていることを証明しているのだよ」

第三の要点は、どの方向があなたの喜びを深めるのか、常にチェックを怠らないことだ。他の人に尋ねる必要はない。この基準を毎日、日常生活で用いるといい。至福が基準だ。それはちょうど、金のテストをするのに、石の上で金をこするのと似ている。金細工商人は不純なものをすべて捨て、純粋なものをすべて金庫室に入れる。至福という基準を用いて毎日チェックを続け、何が正しくて何が間違っているかを見極めなさい。何であれ、間違っているものは捨てて構わない。そして何であれ、正しいものは次第に宝のように積み重なっていくだろう。

これらが朝の三つの鍵だ。夜、これらについてもう少し話そう。

では、座って朝の瞑想をする。お互いに少し離れて座るといい。他の人に触れてはいけない。ふたつの点を理解すること――新しい仲間が何人かいるだろうから、もういちど説明しよう。私たちがこれから行なうのは、とても単純で簡単なことだ――しかし、よくあることだが、簡単なことは実行するのがとても難しく思える。あなたは単純なことを行なうのに慣れていないからだ。あなたは難しいことを行なうのには慣れているが、簡単なことには慣れていない。

はじめに、あなたの身体を完全にリラックスさせ、しばらく沈黙する――これはとても簡単で単純なことだ。ゆっくりと目を閉じ、そしてただ座り続ける。何もしない。そして次に、まわりで起こっている音に耳を傾ける。ただ耳を傾ける。ただ耳を傾けると、内側に静寂と深みが生まれ始めるだろう。

日本では、瞑想に対してとても興味深い言葉を使っている。それは座禅と呼ばれる。座禅とは、「ただ座り、何もしない」という意味だ。意味はこれだけ、他には何もない――何もせず、静かに座る。それは実に意味深い言葉だ。

そう、何もせず静かに座る。目は閉じ、耳は開いている。だから耳は聞くだろう。ただ静かに、ひたすら耳を傾けなさい……静かに、ひたすら耳を傾けなさい。耳を傾けているうちに、自分の内側に深い静寂と空《くう》が生じるのがわかるだろう。この空に、より深く深く、さらに深く深く進んでいくがいい。この空という扉を通って、いつの日かあなたは全体を悟る。

この空という扉を通って、あなたは全体に到達する。そしてこのように、さらに沈黙し、鳥の声やまわりの音に耳を傾けていると、ある日あなたは自分の内なる存在の音を聞き始める。では、静かに耳を傾けよう。

まず、身体を完全にリラックスさせる。そして、楽に、ゆっくりと、穏やかに目を閉じる。瞼をとてもゆっくりと伏せなさい。目に重みがかからないように。目を閉じ、身体をリラックスさせる。完全に沈黙して座りなさい——私たちは静かに座り、何もしない。そこらじゅうで鳥の声がする。静かに、ただそれに耳を傾けなさい。まわりの音すべてにひたすら耳を傾ける。ただひたすら耳を傾け、何もしない。次第にあなたの内側で何かが沈黙し、定まっていくだろう。ただ耳を傾けなさい……すると、あなたの内側に静寂が降りてくる。十分間、静かに耳を傾けなさい。耳を傾ける、完全にリラックスして。耳を傾けなさい……マインドは沈黙する、マインドは完全に沈黙する、マインドは沈黙する、マインドは沈黙する。深い静寂のなかで……ひとつひとつの音を聞きなさい。鳥たちが歌っている……耳を傾けなさい……。

第八章

愛に「私」はない

LOVE HAS NO

親愛なる人たちへ

今夜は瞑想キャンプ最後の集いだ。この最後の集いで、私は最後の鍵について話をしたい。人のマインドには強い緊張があり、この緊張は狂気に近いレベルにまで達している。この緊張は解かねばならない。それに加えて、人のハートはとても緩んでいる。ハートというヴィーナの弦は緩んでいる——それらは締めないといけない。今朝はハートの弦を締めることに関して、いくつかの鍵を話した。今度は最後の鍵について話そう。

ハートが調弦された人の生のヴィーナからは、もっとも価値ある音楽が生まれ得る。そのハートを失った社会、ハートのあらゆる価値が低下してしまった時代や時期は、真善美のすべてを失ってしまう。私たちの生に真善美が訪れるのを望むなら、ハートというヴィーナを調弦する以外に道はない。

ハートの弦を調え、ハートの弦を音楽が生まれるのに適した位置に据える手段は愛だ。だから私は愛を「祈り」と呼び、愛を神性に到達する道と呼び、愛を「神性」と呼ぶ。愛のない祈りは偽りであり、むなしく無意味だ。愛がなければ、祈りの言葉にはまったく価値がない。そして神性へ向かう旅に興味を抱く者は、愛なくしては決して究極なるものに到達できない。愛は、ハートというヴィーナを歌わせる手段だ。あなたは愛そのものについて、いくつか理解する必要があるだろう。

第一の幻想は、あなたたち誰もが、自分は愛を知っていると思っていることだ。この幻想は途方もなく有害だ。なぜならあなたは、すでに知っていると思うことに関しては、決してそれに到達する努力や、それを目覚めさせる努力をしないからだ。

しかし、あなたは気づいていない――愛を知る者は、神性を知る能力を同時に得るということに。愛を知っているなら、生において知るべきものは何ひとつ残されていない。だが、あなたときたら何も知らない。すべては、まだこれから理解をする必要がある。

つまり、あなたが愛だと思っていることは、恐らく愛ではないということだ。あなたは何か別なものを愛と呼んできた。そしてこの幻想を抱いているかぎり、自分は愛についてすべてを知っていると思っているかぎり、どうして愛を探求し、探し求めることができるだろう？　自分は愛をまったく知らないということを、まず理解することだ。

ある暑い日の午後、イエスはとある庭の木の下に立ち寄った。とても暑く、疲れていたので、彼は木陰で眠った。その家や庭や木が誰のものなのか、彼は知るよしもなかった。それは当代きっての美しい娼婦、マグダレーナの庭だった。

マグダレーナが窓の外に目をやると、この美しい人が木の下で眠っているのが見えた。彼女は、これほど美しい男性を見たことがなかった。姿に美しさがあるように、そこには魂の美しさがあった。姿の美しさならしばしば目にすることもあるが、魂の美しさはほとんど目にすることがないものだ。だが魂の美しさが現われると、もっとも醜い姿ですら、もっとも美しい花となる。彼女は美しい人びとを大勢見てきた。彼女の玄関には、いつも人だかりがしていたからだ――しばしば、自分の家に入ることすら難しかった。マグダレーナは、まるで磁石に引かれるように、木に引き寄せられた。

イエスは起き上がって、立ち去ろうとするところだった。休息は終わったのだ。マグダレーナは言った、「どうか私の家に来て、お休みになっていただけませんか?」

イエスは言った、「もう休息は終わった。それに、これはあなたの木だった。もはや出発の時だ。でも、再びここを通りかかり、そして疲れていたら、きっとあなたの家で休息しよう」

マグダレーナは傷ついた。偉大な王子でさえ、彼女の家に入れてもらえないことがあった。いま彼女は、休息なさいと通りすがりの乞食を自宅に招いているのに、彼は断ったのだ。彼女は気分を害して言った、「いいえ、いやです。是非なかにお入りください――愛の証しに、ほんのこれだけのことも、してくださらないのですか? 少しのあいだ私の家に来て、休んではくださらないのですか?」

イエスは言った、「まさにあなたの招きによって、すでに私はあなたの家に入っていた。ハートの想いの他に、どこにあなたの家があるというのだろう? そしてあなたが『ほんのこれだけの愛も示してくださらないのですか?』と尋ねるのなら、私はあなたに言おう。あなたは、『君を愛している』と言う人びとに、大勢出会ってきたかもしれない。しかし、誰もあなたのことを愛してはいなかった。もっとも内なる核で、彼らは別のものを愛していたからだ。しかし、私は確信を持ってあなたに言える。私はあなたを愛せる数少ない人びとの一人であり、本当にあなたを愛していると——なぜなら、愛することができるのは、ハートに愛が芽生えた者だけなのだから」

あなたたちのなかに、愛することのできる者はいない。なぜなら、あなたたちの内側には愛が流れていないからだ。あなたが誰かに「愛しているよ」と言うときは、実は愛を与えているのではなく、愛を求めているのだ。誰もが愛を求めている。そして、みずから愛を求めている者が、どうして愛を与えることができるだろう? どうして乞食が皇帝になれるだろう? 愛を求める人びとが、どうして愛を与える者になれるだろう?

あなたたちはみな、お互いに愛を求め合っている。あなたの本質は、愛してくださいとねだっている乞食だ。妻は夫に愛をねだり、夫は妻に愛をねだっている。母親は息子にねだり、息子は母親にねだっている。友達は友達にねだっている。あなたたちはみな、お互いに愛をねだっている——自分が愛をねだっている友人自身も、愛を求めていることに気づかずに。あなたたちは、乞食椀を持ってお互いの前に立っている二人の乞食のようだ。

愛を求めているかぎり、愛を与えることはできない。なぜなら求めることこそ、まさに内側に愛の源泉がないしるしだからだ。さもなければ、どうして外側から愛を求める必要があるだろう？　愛を求める欲求を越えた者だけが、愛を与えることができる。愛とは分かち合うものであり、ねだるものではない。愛は皇帝だ、乞食ではない。愛は与えることしか知らず、求めることをまったく知らない。

あなたは愛というものを知っているだろうか？　乞い求められた愛は、愛ではあり得ない。そして覚えておきなさい——愛を求める人は、決してこの世で愛を手に入れることはできないと。生の重要な法則のひとつ、永遠の法則のひとつはこうだ——愛を求める人は、決して愛を得ることがない。

愛は、愛に対する欲望が消え去った家の扉にしか訪れない。愛は、愛を求めるのをやめた者の家に降りそそぎ始める。

しかし、依然として愛を切望する者の家に、雨が降りそそぐことはない。愛は、ねだるハートへは流れていかない。ねだるハートには、愛の訪れを可能にする一種の受容性がない。分かち合うハート、与えるハートには、一種の受容性がある。愛がその扉に訪れ、「扉を開けてください、私がやって来ましたよ！」と言ってくれるような受容性が。

愛があなたの扉をノックしたことはあっただろうか？　いや、ない。あなたはこれまで、愛を与えることができなかったのだから。そしてまた、何であれ与えたものは自分に戻ってくるということも覚えておきなさい。生の永遠の法則のひとつは、何であれ与えたものは、自分に戻ってくるということだ。

全世界は、木霊《こだま》に他ならない。憎しみを与えれば、憎しみが返ってくる。怒りを与えれば、怒りが返ってくる。人を罵倒すれば、罵倒が戻ってくる。刺を差し出せば、刺が戻ってくる。与えたものはすべて、数え切れぬほどの形で自分に戻り、自分に返ってくる。そして愛を分かち合えば、愛は数え切れぬほどの形で自分に返ってくる。数え切れぬほどの形で愛が戻ってきていないのなら、自分が愛を与えてこなかったからだと理解しなさい。

だが、どうしたら愛を与えることができるのだろう？　あなたは与えるべき愛を持っていない。愛があったら、どうして愛を求めて扉から扉へさまようだろう？　どうして乞食となって、あちらからこちらへとさまようだろう？　どうして愛を求めるだろう？

ファリッドという名の行者《ファキール》がいた。町の人びとは彼に言った、「ファリッド、アクバル皇帝はあなたのことをとても尊敬しておられます――私たちの町に学校を開いてくれるよう、皇帝に頼んでください」

ファリッドは言った、「私は人にものを頼んだことがない。私はファキールだ。与えることしか知らない」

町の人びとはとても驚いた。彼らは言った、「ファキールというものは、いつも請い願うものだとずっと思っていました。でもあなたは、ファキールは与えるすべしか知らないと言います。こんな複雑で難しいことは、私たちにはわかりません。どうかひと肌脱いで、私たちのために学校を開くよう、アクバルに頼んでくれませんか」

町の人びとは粘り強かった。そこで朝早く、ファリッドはアクバルに会いにいった。アクバルは自分のモスクで祈りを捧げており、ファリッドはそこに行って彼のうしろに佇《たたず》んだ。アクバルは祈りを終えると、両手を天にさしのべて叫んだ、「おお、神よ！　私の富を増やし、私の宝を増やし、私の王国を拡大してください」

これを聞くと、ファリッドは踵《きびす》を返した。アクバルは起き上がり、ファリッドが去っていくのを見た。彼はファリッドに駆け寄り、押しとどめて尋ねた、「なぜ、いらっしゃったのです？　そして、なぜ去ろうとするのです？」

ファリッドは言った、「私は、あなたを皇帝だと思っていた。だが、あなたもまた乞食であることがわかったのだ。私は、町のために学校を開いてくれと頼むつもりだった――あなたもまた、神に自分の富や宝を増やしてくれと頼んでいるとは知らなかった。乞食に頼み事をするのは、正しいこととは思えない。私はあなたを皇帝だと思っていたが、いま、あなたが乞食であることがわかった。だから私は去ろうとしているのだ」

あなたたちはみな乞食だ。あなたたちはみな別の乞食に、ないものねだりをしている。そして、それが手に入らないと悲しむ。あなたは泣きべそをかき、涙を流し、自分は愛を得ることはないのだと思う。

愛は外側から獲得するものではない。愛はあなたの内なる存在の調べだ。誰もあなたに愛をあげることはできない。愛はあなたの内側に生まれる。しかし、外側から獲得することはできない。愛を買える店や市場はないし、セールスマンはいない。愛は、どんな値段でも買うことはできない。

愛は内なる開花だ。それは、内側で眠っているエネルギーから生まれ出る。にもかかわらず、私たちはみな愛を外側に探す。私たちはみな恋人のなかに愛を探す——それは完全に間違いであり、徒労だ。

愛を自分自身の内側に探しなさい。自分の内側に愛があろうとは、あなたには想像すらできない。なぜなら、愛は常に恋人を連想させるからだ。それはあなたに、外側の誰かを連想させる。またあなたは、愛がどのように内側に生まれ得るのか、身に覚えがない。だから、愛のエネルギーは眠ったままだ。あなたは、すでに自分の内側にあるものを、いつも外側に求めていることに気づいていない。そして外側に求めているから内側を見ない。すると、内側で芽生えたはずのものは決して生じない。

愛はもっとも重要な宝だ。それによって個人が誕生する。人は金銭によって誕生するのではない。金銭は社会的な蓄積だ。そうではなくて、人は愛によって誕生する。それは生得権であり、一人一人の富だ。それは内側に存在する。それは誕生のときに授かる仲間であり、生涯にわたって連れ添う仲間だ。しかし、幸運にも内側を見つめ、愛の在り処や、愛の見出し方、愛の育て方を理解する者はわずかしかいない。つまり、あなたは生まれるが、あなたの富は探索されないままだ。実のところ、それは決して探索されない。でもあなたは愛が欲しいから、他人の扉のところで手を差し出して乞い続ける。

全世界にある欲望はただひとつ――愛だ。全世界にある不平はただひとつ――自分は愛をもらっていないということだ。そして愛をもらえないと、愛をもらっていないのは相手に落ち度があるからだと言って他人を責める。妻は夫に言う、「あなたが悪いから、私は愛をもらえないのよ」。夫は妻に言う、「お前が悪いから、僕は愛をもらえないんだ」。しかし、愛は外側から得られるのだろうかと疑問を抱く者は、一人もいたためしがない。

愛は内なる宝だ――そして愛こそ、ハートというヴィーナの音楽だ。

人のハートというヴィーナは、とても掻き乱されてしまった。ハートが奏でようとする音楽は、生まれることがない。こうした音楽は、どのようにつくられるのだろう？　この音楽が生まれるのを阻む障害は何か？　それを生じさせない障害とは何だろう？　あなたは、この障害について考えたことがあるだろうか？　それがどんなものか、考えたことはあるだろうか？

すばらしい劇作家であり、また名詩人でもあった俳優が死んだ。彼の葬儀を行なうために、大勢の人びとが火葬場に集まった。彼が働いてきた映画会社の重役も出席していた。そして彼は、短い弔辞を述べた。

重役は言った、「私はこの男を俳優にしました。彼を裏道から連れ出し、出世街道に乗せたのは私であります。映画で最初の役を彼に与えたのは私であります。彼の処女作を出版したのは私であります。彼が世界中で有名になったのは、私のおかげなのです！」

彼はこれだけ述べた……私はその葬式に出席していた。あなたたちも何人かそこにいたかもしれない……重役がこれだけ述べると、突然、横たわっていた遺体が起き上がって言った、「失礼ですが、ここに埋葬されるのはあなたですか、それとも私ですか？　あなたは誰のことを話しているんです？」

重役は「私が彼を有名にした。私が彼の本を出版した、私が映画で彼に最初の役を与えた……私がそうした」と言っていた。

亡骸ですら、この「私」という騒音には耐え切れなかった。亡骸は起き上がって言った、「失礼ですが、ひとつ教えてください。この葬式で埋葬されるのはあなたですか、それとも私ですか？　あなたは誰のことを話しているんです？」。亡骸でさえ、この「私」という騒音には耐え切れない――でも人は、常にこの「私」という騒音をたて続けている。どうして、生きている人たちがそれに耐え切れるだろう？

あなたのなかには、ふたつの声しかあり得ない——「私」という声でいっぱいの人のなかには、「愛」という声はない。「愛」という声に満ち溢れている人のなかには、「私」という声はない。そのふたつは、決して同時には見つからない。それは不可能だ。それは、闇と光が同時に存在するのと同じぐらい不可能なことだ。

昔、闇が神のもとへ行って陳情した、「太陽が私のあとを追い続けています。彼にはとても悩まされているんです——朝から晩まで、私のあとをついてくるんですよ。だから夕方になると、私は疲れてしまいます。そして夜、私が眠りと休息を終える前に、また私のあとをつけ始めるのです。私は彼に、何も悪いことをした覚えはありません。彼を怒らせたことがあったとも思いません。じゃあ、なぜ彼は私のあとをつけるんでしょう？　なぜ私は、始終いやがらせを受るんでしょう？　私がどんな悪いことをしたというのでしょう？」

そこで神は太陽を呼んで尋ねた、「なぜ君は、かわいそうな闇のあとを追いかけているのかね？　彼女はいつも動き回り、隠れ、あちこちに避難している。なぜ君は、絶えず彼女のあとをつけるのかね？　何が必要なのだ？」

太陽は言った、「闇って誰のことです？　私はまだ、彼女に会ったことなどありませんよ。彼女のことは知りもしません。闇って誰です？　闇とは何ですか？　私はまだ、彼女を見たことがありません。でも、もし気づかずに何か間違いを犯したのなら、私は謝るつもりです。そして、ひとたび彼女がどんな姿かわかったら、決して彼女のあとをつけたりしませんよ」

この出来事から数百万年、数千万年もの歳月が流れたが、この裁判は依然として未解決のまま、神のファイルに納められているそうだ。神といえども、闇と太陽を引き合わせることはできていない。そして私はあなたに言うが、どれほど彼が全能であっても、そんなことは将来も決してできないだろう。いくら全能なる者であっても、闇を太陽の前に連れて来ることはできない。なぜなら、闇と光は共存し得ないからだ。

それらが共存し得ないのには理由がある。闇そのものは実在しない――それがその理由だ。だから太陽の前では、闇は存在し得ない。闇とは光の不在に他ならない――だから、同じものの不在と実在が、どうして共に存在し得るだろう？　闇とは、太陽の不在に他ならない。闇そのものは無だ。それは太陽の不在にすぎず、光の不在にすぎないのだ。だから、どうして光の不在が存在し得るだろう？　どうしてこの両方が共存できるだろう？　神は決して、そんな計らいなどできないだろう。

同じように、エゴと愛は共存できない。エゴは闇のようなものだ――それは愛の不在だ。愛の存在ではない。あなたの内側には愛が欠如している。だから内側で「私」という声が響き続けているのだ。そしてこの「私」という声と共に、あなたは言っている――「私は愛したい。私は愛をあげたい、私は愛をもらいたい」。気でも狂ったかね？　「私」と「愛」は何の関係もないのに、この

「私」は愛について語り続け、「私は祈りたい、私は神に辿り着きたい、私は解放されたい」と言っている。

これは、闇がこう言っているのと同じだ――「私は太陽を抱きしめたい、私は太陽を愛したい、私は太陽の家に招かれたい」。それは不可能というものだ。

「私」とは愛そのものの不在であり、「私」とは愛の欠如だ。この「私」という声を強めていけばいくほど、内側で愛を見出す可能性はどんどん減っていく。エゴが存在すればするほど、愛はますます存在しなくなっていく。そしてエゴが全面的に存在するとき、愛は完全に死ぬ。

あなたのなかに愛はあり得ない。なぜなら内側を見つめれば、そこでは一日二十四時間、絶え間なく「私」という声が響いているからだ。あなたは、この「私」と共に呼吸をし、この「私」と共に水を飲み、この「私」と共に寺院に入る。あなたの生には、この「私」以外に何があるというのだろう?

あなたの服は、「私」の服だ。あなたの地位は、「私」の地位だ。あなたの知識は、「私」の知識だ。あなたの霊的修行、あなたの他者への援助は、「私」の援助だ。あなたのすべて――あなたの瞑想でさえ――それもまた「私」の瞑想だ。内側で強い感情が湧き起こっている――「私は瞑想者だ。私は在家の人間ではない。私は普通の人間ではない――私は瞑想者なのだ。私は世話人だ。私は知識豊かな人間だ。私は裕福だ」――私はこれで、私はあれで……。

この「私」というまわりに築かれた家は、決して愛を知ることがないだろう。すると、ハートをもっとも内なる核へと導けたはずの音楽、ハートに生の真実を教えられたはずの音楽が、ハートというヴィーナから生まれることはない。扉は開かれることなく、ずっと閉じたままだろう。

あなたの「私」がどれほど強く、どれほど根深いものかを、しっかり理解することだ。また、毎日さらにそれに力を与えようとしているか、さらにそれを深めようとしているか、ますますそれを強めようとしているかどうかを、はっきり見定める必要がある。そして、さらにそれを強めようとしているなら、内側に愛が生じる望みは捨てることだ。愛の結び目がほどける望み、愛という宝に到達する望みは捨てることだ。まさにその考えを捨てなさい――そんなことは起こりようがない。

だから私は、あなたに愛し始めなさいとは言わない。なぜなら、エゴは「私は愛する人間だ、私は愛する」と言う可能性もあるからだ。

エゴから生まれる愛は、完全に偽りだ。だから私は、あなたの愛はすべて偽りだと言う――なぜなら、それはエゴから生まれたものであり、エゴの影だからだ。そしていいかね、エゴから生まれた愛は、憎しみよりも危険だ。なぜなら憎しみは明快で、直接的で、単純だが、偽りの顔を装って生まれた愛は、見分けがつきにくいからだ。

エゴから生じた愛によって恋人から愛されているなら、やがてあなたは優しい手ではなく、鉄の鎖で捕われているような感じがしてくるだろう。やがてあなたは知る――すてきな言葉をささやき、美しい歌を歌ってくれた恋人は、魅惑的な予備交渉をしていたにすぎないことを。そうした甘い歌には、多くの毒がある。また、花の形をして訪れた愛がエゴの影である場合、あなたは花に触れたら突き刺さる棘《とげ》に気づくだろう。

釣りに行くと、人びとは釣り針に餌を付ける。エゴは他の人たちの主人《マスター》になり、彼らを所有したがる。だから、釣り針に愛という餌を付け、彼らをぶすりと突き刺すのだ。愛に関する幻想ゆえに、最終的には実に多くの人びとが、痛みと苦しみに陥るはめになる。地獄でさえ、こんなに大勢がこれほど苦しむことはない。そして、この愛という幻想ゆえに、全世界が、全人類が苦しんでいる。しかしあなたは、エゴから出た愛は偽りであることをいまだに理解しない。だから、こんな地獄が生まれてしまったのだ。

エゴを伴う愛は、嫉妬のひとつの形だ――だから、恋人たちほど嫉妬する者はいないのだ。エゴに付属する愛は、他者を所有しようとする陰謀であり策略だ。それは陰謀だ――だから「君のことを愛しているよ」と言う者ほど、人を息苦しい思いにさせる者はいない。この状況は、エゴから生まれたいわゆる愛のせいで生じる。そして、愛とエゴには何の関係もない。

ジェラルディン・ルーミーは、つねづね歌を――とても美しい歌を歌っていた。彼は歌を歌いながら、町から町を渡り歩いていた。人びとから神について何か話をしてくださいと頼まれるたびに、彼は歌を歌うのだった。その歌は実にすばらしかった。

歌のなかで彼は言った——ある男が愛する女性の家に行き、扉をノックしたところ、恋人は「あなたは誰？」と尋ねた。

男は言った——どの男も言うように——「僕は君の恋人だよ」。なかは、しんとしていた。なかから返事は返らず、声も聞こえなかった。

男は再び大きな音をたてて、扉をノックし始めた。しかし、なかには誰もいないようだった。彼は叫び始めた、「なぜ黙っている？　返事をしてくれ！　僕は君の恋人だ。僕が来たんだよ」。しかし、彼が声を張り上げて、「僕が来たんだよ、僕は君の恋人だ」と言えば言うほど、家はさらに静まり返るのだった——まるで墓場のように。なかから返事はなかった。

そこで彼は、頭を扉に打ち付け始め、「せめて一度でいいから、返事をしてくれ！」と言った。すると、なかから返事が返ってきた。「この家に二人分のスペースはないのです。あなたは『僕が来た、僕は君の恋人だ』と言いますが、私はすでにここにいます。ここには、二人分のスペースはありません。愛の扉は、「私」を捨ててしまった人たちだけに開かれます。もう行ってください！　またいつか、いらっしゃい」

男は立ち去った。彼は何年も祈り、瞑想をした。いくつもの月が昇っては沈み、いくつもの日の出と日没が過ぎ去り、何年もの歳月が流れた。そして彼は、その家に戻ってきた。ノックをすると、再び「あなたは誰？」という同じ質問が聞こえた。今度は、「僕はいない！　君しかいないよ！」

と男は言った。

ジェラルディン・ルーミーは言った――その瞬間、扉は開いたと。

私なら扉を開けなかっただろう！　ジェラルディンは何年も前に死んだから、それは扉が開くのにふさわしい時ではなかったと、彼に告げるすべはない。扉を開けるのは、あまりにも早すぎた――なぜなら「君しかいない」などと言う者は、依然として自分を「私」として感じているからだ。「あなた」を体験しない者だけが、自分自身のことも「私」としては感じない。だから、愛のなかに「二」はないと語るのは間違いだが、愛のなかには「一」しかないと語るのも、同じように間違いなのだ。愛のなかでは「二」も「一」も存在しない。「二」の気配があったら、他者も存在しているのだとよく理解するがいい――なぜなら、「一」を意識できるのは他者だけからだ。「あなた」が存在するところには、「私」も存在している。

だから、私なら男を再び追い返しただろう。彼は言った、「僕はいない！　君しかいないよ！」――しかし、これこれがいると言う者は、完全にいるのだ。彼はトリックを学んだにすぎない。最初、彼は「僕だよ」と返事をした。すると扉は閉じられたままだった。そして何年もの黙想ののち、彼は「僕はいない、君しかいない」と言うことに決めた。しかし、こう言っているのは誰だろう？　また、なぜこう言っているのだろう？　「あなた」を知る者は、「私」のことも知っている。

「あなた」は「私」の影であることを覚えておきなさい。「私」が消え去った人には、「あなた」も残ってはいない。

だから、私なら男を追い返しただろう。恋人は「二人分のスペースはないのです」と言っていたのだから。男はそれを理解せず、「どこに二人もいるだろう？　もう僕はいない。君しかいないんだ」と叫んだ。

それにしても、恋人は男に立ち去れと言うべきだった。なぜなら、彼はトリックを学んだだけだったからだ。彼は依然として、二人の人間を見ていた。もはや二人がいないなら、男は自分で扉を開けようとすらしないだろう、と恋人は言った——というのも、扉を開けてほしいと頼んでいるのは誰なのか？　そして彼は、誰が扉を開けると思っているのか？　「二」のある家に、愛はあり得ない。

私の見解はこうだ——男は立ち去った。何年もの歳月が流れたが、彼は戻らなかった。決して戻らなかった。そこで、恋人は彼を探しに出かけた。

だから私は言う——「私」の影が消え去る日、「私」も「あなた」も残っていない日、その日あなたは、もはや神性を探し求める必要がない。神性の方が、あなたを探し求めてやって来る。

誰も神性を探し求めることはできない。なぜなら、そんな探求をする能力は、誰も持ち合わせていないからだ。しかし、消え去る用意ができたら、誰でもない者になる用意ができたら、空っぽになる用意ができたら――そのとき神性は必ずその人を見つける。神性だけが、人間を探すことができる。人間は決して神性を探せない。なぜなら、探求のなかでさえも、エゴは存在するからだ。「私は探求している。私は神に到達しなければならない。私は富を得た。私は議会である地位に登りつめた。私は大邸宅を手に入れた」――もはや最後の目標が残されるのみだ――「私は神性にも到達したい。どうして神に到達する威光を逃せよう？ それは私の最後の勝利だ。この勝利を手にしなくてはならない。私は神性にも到達する必要があるのだ」。これは、まさにエゴそのものによる宣言であり、主張であり、探求だ。

だから宗教的な人とは、神性を探求しに行く人ではない。宗教的な人とは、己の「私」を探求しに行く人だ――そして探求を続ければ続けるほど、彼は「私」などまったくないことに気づくようになる。そして「私」がもはや残っていない日――その日、愛を隠していた扉は彼に開かれる。

つまり、神性ではなく自己を探求すること――これが最後の要点だ。

あなたは、究極の存在について何も知らない。神性を探求してはいけない。というのも、あなたは神性についてこれっぽっちも知らないからだ。まったく知らないものを、どうやって探すというのかね？ その人の住所も知らないのに、どこでその人を探すのかね？ その人について何の情報もないのに、どこでその人を探すのかね？ 始まりも終わりもない人、居場所もわからない人を、どこで探すというのかね？ あなたは気が変になるだろう！ どこを探したらいいものか、途方に暮れてしまうだろう。

でも、あなたはひとつ知っている——あなたは、自分のこの「私」を知っている。だからまず、この「私」を探すことだ——それは何か、それはどこにあるのか、それは誰なのかを見出しなさい。すると探求するにつれ、この「私」は存在せず、まったく偽りの観念であったことがわかる。あなたは驚くだろう。「私」が存在するというのは想像であり、自分が培ってきた幻想だったのだ。


子供が生まれると、便宜上あなたは彼らに名前を与える。ある人をラムと呼び、ある人をクリシュナと呼び、ある人をまた別の名で呼ぶ。名前を持つ人は一人もいない。すべての名前は便宜上のものだ。しかし、それを絶えず聞き続けていると、やがてこれは自分の名前なのだという幻想を抱く——私はラムだ、私はクリシュナだ。あなたがラムのことを悪く言うと、彼はあなたと喧嘩をしようと身構える——あなたは彼を中傷した。しかし、彼はどこで名前を手に入れたのか?

名前を持って生まれる者はいない。誰もが名なしで生まれる。しかし、名前は社会における実用性がある。名前なしでラベルを作るのは難しい。だから、私たちは名前をつける。他人があなたを見分けられるように、私たちはあなたに名前をつける。もしあなたが独自の名前で自分を呼んだら、混乱が生じる——あなたは自分のことを指しているのか、あるいは別の人のことを指しているのか?　だから混乱を避けるために、あなたは自分を「私」と呼ぶ。「あなた」は相手を呼ぶときの肩書きだ。どちらの肩書きも想像上のものであり、社会における実用品だ。そしてあなたは、このふたつのまわりに自分の生を築いているが、それらはふたつの空虚な言葉でしかない。それらの背後に真実はなく、それらの背後に実体はない。それらは単に名前にすぎず、ラベルにすぎない。

昔、こんな行き違いがあった。アリスという名の少女がいた。アリスは奇妙な国——不思議の国をさすらった。彼女が不思議の国の女王のもとに辿り着いたとき、女王はアリスに尋ねた。「ここまで来る途中、誰かに出会ったかい？」と彼女が言うと、アリスは「*I met nobody.*（誰にも会いませんでした）」と答えた。

しかし女王は、アリスが*Nobody*（誰でもない人）という名の者に会ったのだと思った。この妄想は、さらに強まった。というのも、女王の使者が到着し、誰かに出会ったかどうかと女王が尋ねたところ、彼もまた「*Nobody.*（誰にも）」と答えたからだ。

女王は言った、「ずいぶん奇妙だねえ」。女王は*Nobody*（誰でもない人）という名の人物が、アリスと使者の両方に会ったと思ったのだ。そこで彼女は使者に言った、「*It seems that Nobody walks slower than you.*（誰でもない人は、お前たちよりもゆっくり歩くようだね）」

その言葉には、ふたつの意味がある——ひとつは、使者よりゆっくり歩く者はいないという意味だ。

使者は震え上がった。なぜなら、使者というものはとても速く歩けないといけないからだ。そこで彼は言った、「*No, nobody walks faster than me!*（いえ、私より早く歩く者はいません！）」

女王は言った、「これは困ったこと。*You say that Nobody walks faster than you.*（お前は、誰でもない人は自分より速く歩くと言う。）でも、誰でもない人がお前より速く歩くのなら、彼はお前より先に到着していたはずだね。とっくに到着していたはずだよ」

哀れな使者は、ようやく何か誤解があったことに気づいて言った、「*Nobody is nobody!*（誰でもない人なんて、いないんです！）」

しかし女王は答えた、「*I know that Nobody is Nobody.*（私だって、誰でもない人は誰でもない人だとわかっているよ。）でも、彼はどんな人なのかい？　教えておくれ。そろそろ到着してもいいはずだよ。どこにいるのかねえ？」

人間の場合も、言葉によって同じような誤解が起こる。すべての人の名前は「*Nobody*（誰でもない人）」だ。どの名前の意味も、せいぜいこんなところだ。「私」という観念は、「誰でもない人」という観念に他ならない。それ以上のことはない。しかし言葉の誤解によって、「私は誰それだ、私には名前がある」という幻想が生み出される。

人は死ぬと、自分の名を石に記して残す――おそらく石は永遠に存在するだろうと期待して。石があるかどうか、私たちは知らない。浜辺の砂は、かつてはどれも石だった。どの石も、やがては砂になる。自分の名前を砂に記そうと石に記そうと、それはまったく同じことだ。この世界の長い歴史のなかでは、砂と石に違いはない。子供たちは浜辺で砂に自分の名前を書く――明日になれば、人が通りかかって目にすると思うのだろう。しかし波が来て、砂をきれいに洗い流してしまう。大人たちは笑って言う、「馬鹿だな！　砂に名前を書いたって無意味なのに」

しかし、大人たちは石に記す。彼らは、石が砂でつくられていることに気づいていない。大人たちと子供たちは、まったく変わらない。愚かさに関しては、彼らはみな同じ年齢だ。

ある皇帝がチャクラヴァルティンになった。これは、めったに起こることではない。チャクラヴァルティンとは、全世界の主《マスター》だ。古い物語が述べるところによると、チャクラヴァルティンたちは、他の者は手に入れられない——他の者は手にすることのできない特権を持っていた。彼らには、自分の名を天国の山であるスメル山に署名するチャンスがあった。永遠の時のなかでさえ、チャクラヴァルティンになるのは稀なことだ。だから永遠の山であるスメル山への署名は、稀な出来事なのだ。

チャクラヴァルティンになって、皇帝はとても幸せだった。いまや、自分の名をスメル山に記す権限を手にしたのだ。彼はたいそう華々しく、これ見よがしに大規模な軍勢を率いて天国の入り口に到着した。すると門番は言った、「ご到着なさいましたか。あなたは入れますが、この連中はなかに入れませんよ。彼らは家に帰らないといけません。ご自分の名前を刻む道具は持ってきましたか？」

皇帝は答えた、「道具は持ってきた」

門番は言った、「このスメル山は無限です。でも、大勢のチャクラヴァルティンがいたので、もはや署名をするスペースは残っていません。ですから、まず誰かの名前を消さないといけません。そうしたら、そこにご自分の名前を署名できます。なにしろスペースが残っていませんからね。山全体が覆い尽くされているんですよ」

皇帝は門を通った。山は無限だった。その狭い領域にヒマラヤがいくつも入るほどだった。しかし表面には、ほんの一インチのスペースも残っていなかった。彼は、長い時を経て、ようやく誰かがチャクラヴァルティンになるものだと思っていた。しかし非常に長い時間が経過し、途方もなく長い時を経て一人がチャクラヴァルティンになったとしても、山は依然としてすべて埋め尽くされ、スペースが残っていないとは思いもよらなかった。

皇帝はとても悲しくなり、動揺した。門番は彼に言った、「悲しむことはありません。私の父も、そのまた父も、つまり私の爺さんのことですがね、この仕事をやっていたんですよ。私たちは何世代にもわたって知っていました――署名をしたいなら、必ず最初に表面を消さないことには、空いたスペースは決して見つからないってね」

すると皇帝は踵《きびす》を返して言った、「他の人の名前を消さないと署名ができないのなら、それは気違い沙汰だ――私が署名して立ち去ったら、明日には他の者がやって来て私の署名を消し、自分の署名をするだろう。この山はとても大きく、多くの名前が記されているが、誰がそれを読むというのか？　また、それにどんな意味があるというのか？　失礼、私は間違っている。これは無意味なことだ」

こうした知性を持つ人びとは、ほとんどいない。他の者たちは自分の名を石に記し、寺院に記す。記念碑を建て、そこに自分の名を記す。そして自分が名なしで生まれたこと、自分の名前などはないということを忘れている。こうして一方で石が浪費され、もう一方で労力が浪費される。そして彼らが死に、別れを告げるとき、彼らは名なしになるのだ。

あなたは自分の名前など持ってはいない。名前は外側の世界に見える幻想であり、「私」は内側に見える幻想だ。「私」と名前とは、同じコインの両側なのだ。名前は外側から見え、「私」は内側から見える。そして名前と「私」という幻想が残っているかぎり、愛が生まれるスペースは開かない。

そこで、私が最後に言いたいことは、少しだけ探求しなさいということだ。スメル山へ行き、そこにどれほどの署名が記されているかを見なさい。あなたも表面を消して、名前を付け加えたいかね？　少し山に近づき、それが砂に変わってゆくのを見つめなさい。海岸で、子供たちが自分の名前を書いているのを見つめなさい。自分たちは何をしているのか、あたりを見回してごらん。私たちは砂に名前を書いて、生を浪費してはいないだろうか？　そして、こんなふうに感じるなら、少し深く探求しなさい――この「私」のなかに入り、模索しなさい。ある日、「私」は誰でもない人であることがわかるだろう――そこには誰もいない。そこには深い沈黙と安らぎがある。だが、「私」はない。そして自分のなかに「私」はないと知る日、あなたは全体を知る。それこそ本当に存在するもの――実存、存在、神性だ。

だから私は言う――愛は神性への扉であり、エゴは無知への扉だと。愛は光への扉であり、エゴは暗闇への扉だと。

私たちがここを去る前に、私はこの最後の点を話す必要があった。この側面から、愛を探索しなさい。この探索はエゴから始まり、愛の成就で終わる。だから、この方向に向かって探索しなさい。このエゴの影は本当に存在するのか？　この「私」は本当に存在するのか？　この探索に向かう者は、「私」を発見しないばかりか、神性に到達する。「私」という杭に縛られている者は、神性という大海への旅に乗り出すことができない。これが最後にあなたたちに言いたかったことだ。実のところ、これこそ最初で最後に言うべきことだ。

「私」は、人生において最初で最後のものだ。「私」のなかに縛られた人は苦痛を体験し、「私」から解き放たれると至福に到達する。「私」こそ物語であり、作り話に他ならない。「私」こそ夢想に他ならない。「私」こそ虚偽に他ならない。

この「私」を見出しなさい。すると至福への扉が開く。「私」という岩が粉砕されたら、愛という泉が流れ出す。すると、ハートは愛の調べに満ち溢れるだろう。ハートが愛に満たされたら、新たな旅が始まる。それを言葉で表現するのは難しい。その旅は、生のまさに中心へとあなたを連れてゆく。
私は去る前に、こうしたことをいくつか話しておきたかった。
さあ、座って夜の瞑想をしよう。夜の瞑想では十分間座る。そうしたら、さよならだ。神への希望と祈りと共に、私はあなたたちに別れを告げる――誰もが愛を成就するだけの祝福を受けられることを、誰もが「私」という病を取り除けるだけの祝福を受けられることを、誰もがすでに自分の内側にあるものを見出すだけの祝福を受けられることを祈る。

ある乞食が、とても大きな町で死んだ……自分たちがその乞食と同じように死なないことを祈りなさい。乞食は同じ場所で四十年間、物乞いをした末に死んだ。彼は物乞いをして皇帝になろうと思っていた――だが、物乞いをして皇帝になれる者なんているだろうか？　物を乞えば乞うほど、ますます乞食になっていくものだ。

始めた頃は二流の乞食だったが、死んだ日に彼は一流の乞食になっていった。だが彼は、皇帝になる前に死んでしまった。彼は死んだ。そこで近所の人びとは、他の死んだ人たちと同じように彼を扱った。人びとは彼の亡骸を運び去り、彼が横になっていたボロ布と共に埋葬した。それから近所の人びとは思った――四十年にわたって、この乞食はちょうどこの地面を汚してきた、だからその地面を少しばかり掘って捨ててしまおうと。そこで、彼らは掘り始めた。

すると彼らはとても驚いた！　もし乞食が生きていたら、気が狂っただろう。地面を掘ったところ、つねづね乞食が座って物乞いをしていた場所の真下に、莫大な財宝が埋められているのが発見されたのだ。

下の地面を掘ったら自分は皇帝になり、物乞いをする必要はなくなっていたであろうとは、彼は知りもしなかった。だが、この哀れな男に何がわかっただろう？　彼の目は外側を見ていたし、彼の手は外に差し出されていた。そうして男は、物乞いをしながら死んだ。近所の人びとは誰もが大きなショックを受け、そこに立ち尽くしていた。「何て乞食だったんだ。この大馬鹿者は、まさに自分が座っていた場所に財宝が埋められていたことに、気づきもしなかたのだ」

私はその場に行き、近所の人びとに会い、そして彼らに言った、「お馬鹿さんたち、乞食のことを気にかけるのはやめることだ。乞食のことをあれこれ批評するのはやめなさい。時にはあなたも、自分の下の地面を掘るといい――あなたが死んだら、他の人たちが笑うかもしれないからね」

人が死ぬと、人びとは「あいつは気が弱かった。生涯、何も成し遂げられなかったな」と言って彼を笑いものにする。しかし、彼らは知らない――「こいつは本当に気が弱くて、何も成し遂げられなかったな」と笑って言えるよう、他の人びともまた彼らが死ぬのを待っているということに。

人が死ぬと、生きている者たちはその人を笑いものにする。しかし、まだ生きているあいだに自分自身を笑いものにすることを思いついたら、その人の生は変容されるだろう。その人は違う人間になる。もしこの三日間のキャンプのなかで、自分自身を笑い者にすることを忘れないでいたら、事はおしまいだ。ちょうどいま立っている場所を掘り起こすことを忘れずにいられるなら、事はおしまいだ。だとしたら、私が語ってきたことはすべて、あなたのなかで確実に実を結んでいる。

最後に、私はあなたたちが乞食としてではなく、皇帝として死ぬことを祈っている。あなたたちが、隣人に笑う機会を与えないことを祈っている。この何日か、あなたたちはとても静かに、深い愛をこめて、私の話に耳を傾けてくれた。私は深く感謝をしている。そして私は、すべての人のなかに存在する神性に、頭を垂れる。どうか、私の挨拶を受け容れてほしい。

さあ、座って夜の瞑想をしよう。みな、横たわれるようにスペースをとりなさい。これが最後の瞑想だ。だから、できるかぎり全身全霊《トータル》でそれを利用しなさい。みな、お互いに離れること。話をしてはいけない。誰も話をしてはいけない。そこに座っている人たちは、広がりなさい。誰も他の人に触れていないように。そこから動いて、スペースのあるところに行きなさい。一言も話してはいけない。これはお喋りとは関係ないのだから。何人かはこちらの前方に来なさい。そして誰も他の人に邪魔されないよう、気をつけなさい。

まず、身体を完全にリラックスさせて横たわる。からだを完全に緩ませ、リラックスさせなさい。そしてゆっくり目を閉じる。目を閉じなさい。

あなたは目を閉じ、完全に身体をリラックスさせた。さあ、私は暗示を与えよう――耳を傾け続けなさい、あなたの身体とマインドは、それに従う。

身体がリラックスしていくのを感じなさい。からだがリラックスしていく、身体がリラックスしていく、身体がリラックスしていく。身体がリラックスしていくのを感じなさい。身体を完全にリラックスさせなさい……。そしてマインドで、身体が完全にリラックスしたと感じなさい。身体はリラックスした、身体は完全にリラックスした……。

呼吸が静かになっていく。呼吸が静かになっていく、呼吸が静かになっていくと、マインドで感じなさい……。呼吸は静かになった、呼吸は静かになった。

マインドも空っぽになっていく。マインドが静かになっていく。マインドが静かになっていくと感じなさい、マインドは静かになった……。

さあ、内側で目覚めたまま、十分間まわりのあらゆる音に耳を傾けなさい。内側では目覚めたまま、眠ってはいけない。内側では意識的であり続けなさい。内側では目覚め、静かに耳を傾け続ける。ただひたすら耳を傾ける。夜の静寂に、ひたすら耳を傾ける。すると、耳を傾けているうちに深い空《くう》が生まれる……。

耳を傾けなさい。十分間、静かに耳を傾け続ける。静かに、ひたすら耳を傾ける。マインドが完全に空っぽになっていく。マインドが空っぽになっていく。マインドは空っぽになった、マインドは空っぽになった……。

マインドは完全に空っぽになった。マインドが空っぽになっていく。あたり一面の空《くう》に溺れなさい。マインドが空っぽになっていく。マインドが空っぽになっていく、マインドが空っぽになっていく……。

マインドが沈黙していく。マインドが空っぽになっていく。もっと深く溺れなさい。マインドが空っぽになっていく、マインドは完全に空っぽになった……。

●OSHOについて

OSHOの説くことは、個人レベルの探求から、今日の社会が直面している社会的あるいは政治的な最も緊急な問題の全般に及び、分類の域を越えています。彼の本は著述されたものではなく、さまざまな国から訪れた聴き手に向けて、三十五年間にわたって即興でなされた講話のオーディオやビデオの記録から書き起こされたものです。OSHOはロンドンの「サンデー・タイムス」によって〝二十世紀をつくった千人〟の一人として、また米国の作家トム・ロビンスによって〝イエス・キリスト以来、最も危険な人物〟として評されています。

OSHOは自らのワークについて、自分の役割は新しい人類が誕生するための状況をつくることだと語っています。彼はしばしば、この新しい人類を「ゾルバ・ザ・ブッダ」——ギリシャ人ゾルバの世俗的な享楽と、ゴータマ・ブッダの沈黙の静穏さの両方を享受できる存在として描き出します。OSHOのワークのあらゆる側面を糸のように貫いて流れるものは、東洋の時を越えた英知と、西洋の科学技術の最高の可能性を包含する展望《ヴィジョン》です。

OSHOはまた、内なる変容の科学への革命的な寄与——加速する現代生活を踏まえた瞑想へのアプローチによっても知られています。その独特《ユニーク》な「活動的瞑想法《アクティブ・メディテーション》」は、まず心身に溜まった緊張《ストレス》を解放することによって、思考から自由でリラックスした瞑想の境地を、より容易に体験できるよう構成されています。

OSHOによる自伝的な作品・*Autobiography of Spiritually Incorrect Mystic*　・*Glimpses of a Golden Childhood*

●瞑想リゾート／OSHOインターナショナル・メディテーション・リゾート

OSHOインターナショナル・メディテーション・リゾートは、休暇を過ごす素晴らしい場所です。そしてより気づきを持ち、リラックスして楽しく生きる新たな生き方を、身をもって体験できる場所です。リゾートは、インドのムンバイから南東約百マイルのプネーに位置し、毎年世界の百ヶ国以上から訪れる大勢の人々に、さまざまなプログラムを提供しています。もともとマハラジャや裕福なイギリス植民地支配者たちの夏のリゾート地として発展したプネーは、現在では多数の大学やハイテク産業が本拠を置く近代都市として栄えています。メディテーション・リゾートは、コレガオンパークとして知られている郊外の木立の中に、四十エーカーにわたって広がっています。リゾートの敷地内には、人数限定で訪問者のための新しい宿泊施設が用意されており、近隣のホテルや個室アパートは、短期滞在から長期滞在向けに、さまざまな種類がそろっています。

リゾートのプログラムはすべて、日々の生活に創造的に関わり、しかも沈黙と瞑想へリラックスして入っていける新しい質を備えた人類――というOSHOの展望《ヴィジョン》に基づいています。ほとんどのプログラムは、近代的で空調設備が整った場所で行なわれ、個人セッション、さまざまなコース、ワークショップも用意されています。プログラムは、創造的芸術からホーリスティック・ヘルス・トリートメント、個の成長とセラピー、秘教的科学、スポーツや娯楽の「禅」的アプローチ、関係性の問題、男女のための有意義な人生の推移など、すべてを網羅しています。個人セッションやグループ・ワークショップ、日々の瞑想は、一年を通じて提供されています。リゾート内の屋外カフェやレストランでは、伝統的なインド料理や世界各国の料理を、すべてリゾートの自家農園でとれた有機栽培の野菜で調理して出しています。敷地内には、リゾート専用の安全な濾過水の供給源があります。

www.osho.com/resort.

●より詳しい情報については：http://**www.osho.com**

異なる言語にて、ＯＳＨＯの瞑想や書籍や各種テープ、メディテーション・リゾートのオンライン・ツアーや世界中のＯＳＨＯインフォメーションセンター、そしてＯＳＨＯの講話からの抜粋を掲載した、包括的なウェブサイトです。

Osho International New York E-mail; oshointernational@oshointernational.com http://**www.osho.com**/oshointernational

●「新瞑想法入門」：発売／市民出版社（*Meditation: The First and Last Freedom*）

もし瞑想についてもっとお知りになりたい場合は、「新瞑想法入門」をご覧下さい。この本の中で、ＯＳＨＯは彼の活動的瞑想法や、人々のタイプに応じた多くの異なった技法について述べています。また彼は、あなたが瞑想を始めるにあたって出会うかもしれない、諸々の経験についての質問にも答えています。

この本は英語圏のどんな書店でもご注文頂けます。（北アメリカの*St. Martin's Press*や英国とその連邦諸国の*Gill & MacMillan*から出版されています）また、他の多くの言語にも翻訳されています。

ご注文のためのご案内はhttp://**www.osho.com**をご覧になるか、日本語版は市民出版社まで（tel 03-3333-9384）お問い合わせ下さい。

インナー・ジャーニー ― 内なる旅

二〇〇五年六月十日　第一刷発行
二〇十三年十一月十日　第二刷発行

講　話■OSHO
翻　訳■マ・アナンド・ムグダ
照　校■スワミ・アドヴァイト・パルヴァ
　　　　スワミ・ニキラナンド
装　幀■スワミ・アドヴァイト・タブダール
発行者■マ・ギャン・パトラ
発行所■**市民出版社**
〒一六八―〇〇七一
東京都杉並区高井戸西二―十二―二〇
電　話〇三―三三三三―九三八四
ＦＡＸ〇三―三三三四―七二八九
郵便振替口座：〇〇一七〇―四―七六三一〇五
e-mail：info@shimin.com
http://www.shimin.com
印刷所■**シナノ印刷株式会社**
Printed in Japan
ISBN978-4-88178-184-5 C0010 ¥2200E

日本各地の主なOSHO瞑想センター

OSHOに関する情報をさらに知りたい方、実際に瞑想を体験してみたい方は、お近くのOSHO瞑想センターにお問い合わせ下さい。

参考までに、各地の主なOSHO瞑想センターを記載しました。尚、活動内容は各センターによって異なりますので、詳しいことは直接お確かめ下さい。

◆東京◆

・**OSHOサクシン瞑想センター**　Tel & Fax 03-5382-4734
マ・ギャン・パトラ　〒167-0042　東京都杉並区西荻北1-7-19
e-mail osho@sakshin.com　http://www.sakshin.com

・**OSHOジャパン瞑想センター**
マ・デヴァ・アヌパ　Tel 03-3703-6693
〒158-0081　東京都世田谷区深沢5-15-17

◆大阪、兵庫◆

・**OSHOナンディゴーシャインフォメーションセンター**
スワミ・アナンド・ビルー　Tel & Fax 0669-74-6663
〒537-0013　大阪府大阪市東成区大今里南1-2-15 J&Kマンション302

・**OSHOインスティテュート・フォー・トランスフォーメーション**
マ・ジーヴァン・シャンティ、スワミ・サティヤム・アートマラーマ
〒655-0014　兵庫県神戸市垂水区大町2-6-B-143
e-mail j-shanti@titan.ocn.ne.jp　Tel & Fax 078-705-2807

・**OSHOマイトリー瞑想センター**　Tel & Fax 078-412-4883
スワミ・デヴァ・ヴィジェイ
〒658-0000　兵庫県神戸市東灘区北町4-4-12 A-17
e-mail mysticunion@mbn.nifty.com　http://mystic.main.jp

・**OSHOターラ瞑想センター**　Tel 090-1226-2461
マ・アトモ・アティモダ
〒662-0018　兵庫県西宮市甲陽園山王町2-46　パインウッド

・**OSHOインスティテュート・フォー・セイクリッド・ムーヴメンツ・ジャパン**
スワミ・アナンド・プラヴァン
〒662-0018　兵庫県西宮市甲陽園山王町2-46　パインウッド
Tel & Fax 0798-73-1143　http://homepage3.nifty.com/MRG/

・**OSHOオーシャニック・インスティテュート**　Tel 0797-71-7630
スワミ・アナンド・ラーマ　〒665-0051　兵庫県宝塚市高司1-8-37-301
e-mail oceanic@pop01.odn.ne.jp

◆愛知◆

・**OSHO 庵瞑想センター**　Tel & Fax 0565-63-2758
スワミ・サット・プレム　〒 444-2326 愛知県豊田市国谷町柳ヶ入 2 番
e-mail alto@he.mirai.ne.jp

・**OSHO EVENTS センター**　Tel & Fax 052-702-4128
マ・サンボーディ・ハリマ
〒 465-0058　愛知県名古屋市名東区貴船 2-501 メルローズ 1 号館 301
e-mail: dancingbuddha@magic.odn.ne.jp

◆その他◆

・**OSHO チャンパインフォメーションセンター**　Tel & Fax 011-614-7398
マ・プレム・ウシャ　〒 064-0951　北海道札幌市中央区宮の森一条 7-1-10-703
e-mail ushausha@lapis.plala.or.jp
http:www11.plala.or.jp/premusha/champa/index.html

・**OSHO インフォメーションセンター**　Tel & Fax 0263-46-1403
マ・プレム・ソナ　〒 390-0317　長野県松本市洞 665-1
e-mail sona@mub.biglobe.ne.jp

・**OSHO インフォメーションセンター**　Tel & Fax 0761-43-1523
スワミ・デヴァ・スッコ　〒 923-0000　石川県小松市佐美町申 227

・**OSHO インフォメーションセンター広島**　Tel 082-842-5829
スワミ・ナロパ、マ・ブーティ　〒 739-1733　広島県広島市安佐北区口田南 9-7-31
e-mail prembhuti@blue.ocn.ne.jp http://now.ohah.net/goldenflower

・**OSHO フレグランス瞑想センター**　Tel & Fax 0846-22-3522
スワミ・ディークシャント、マ・デヴァ・ヨーコ
〒 725-0023　広島県竹原市田ノ浦 3 丁目 5-6
e-mail: info@osho-fragrance.com http://www.osho-fragrance.com

・**OSHO ウツサヴァ・インフォメーションセンター**　Tel 0974-62-3814
マ・ニルグーノ　〒 878-0005　大分県竹田市大字挟田 2025
e-mail: light@jp.bigplanet.com　http://homepage1.nifty.com/UTSAVA

・**OSHO インフォメーションセンター沖縄**　Tel & Fax 098-862-9878
マ・アトモ・ビブーティ、スワミ・アナンド・バグワット
〒 900-0013　沖縄県那覇市牧志 1-3-34 シティパル K302
e-mail: vibhuti1210@gmail.com　http://www.osho- okinawa.jimdo.com

◆インド・プネー◆

OSHO インターナショナル・メディテーション・リゾート
Osho International Meditation Resort
17 Koregaon Park Pune 411001 (MS) INDIA
Tel 91-20-4019999 Fax 91-20-4019990
http://www.osho.com
e-mail : oshointernational@oshointernational.com

＜OSHO 講話 DVD 日本語字幕スーパー付＞

■価格は全て税別です。※送料／DVD 1本¥250　2～3本¥300　4～5本¥350　6～10本¥450

■大いなる目覚めの機会—ロシアの原発事故を語る—

死者二千人を超える災害となったロシアのチェルノブイリ原発の事故を通して、災害は、実は目覚めるための大いなる機会であることを、興味深い様々な逸話とともに語る。その緊迫した雰囲気と内容の濃さで定評のあるウルグアイでの講話。「危険が差し迫った瞬間には、突然、未来や明日はないかもしれないということに、自分には今この瞬間しかないということに気づく」OSHO

●本編87分　●¥3,800（税別）●1986年ウルグアイでの講話

■禅宣言2　—沈みゆく幻想の船—

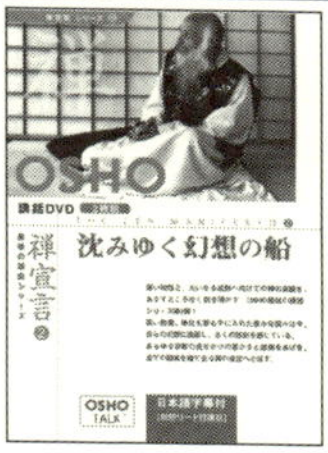

深い知性と大いなる成熟へ向けての禅の真髄を語る、OSHO最後の講話シリーズ。あらゆる宗教の見せかけの豊かさと虚構をあばき、全ての隷属を捨て去った真の自立を説く。「禅がふさわしいのは成熟して大人になった人々だ。大胆であること、隷属を捨てることだ——OSHO」

●本編2枚組194分●¥4,380（税別）●1989年プネーでの講話

■禅宣言—自分自身からの自由—

禅の真髄をあますところなく説き明かすOSHO最後の講話シリーズ。古い宗教が崩れ去る中、禅を全く新しい視点で捉え、人類の未来に向けた新しい地平を拓く。

●本編2枚組220分●¥4,380（税別）●1989年プネーでの講話

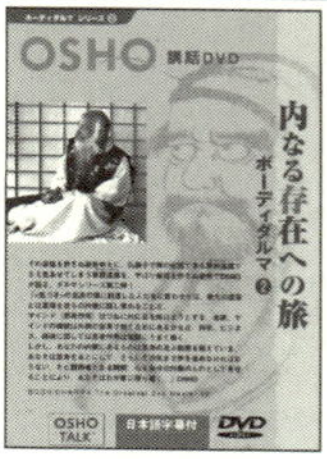

■内なる存在への旅—ボーディダルマ2—

ボーディダルマはその恐れを知らぬ無法さゆえに、妥協を許さぬ姿勢ゆえに、ゴータマ・ブッダ以降のもっとも重要な＜光明＞の人になった。彼はいかなる気休めも与えようとせず、ただ真理をありのままに語る。傷つくも癒されるも受け手しだいであり、彼はただの気休めの言葉など一言も言うつもりはない。どんな慰めもあなたを眠り込ませるだけだ。（本編より）

●本編88分　●¥3,800（税別）●1987年プネーでの講話

■孤高の禅師 ボーディダルマ—求めないことが至福—

菩提達磨語録を実存的に捉え直す。中国武帝との邂逅、禅問答のような弟子達とのやりとり、奇妙で興味深い逸話を生きた禅話として展開。「"求めないこと"がボーディダルマの教えの本質のひとつだ」　●本編2枚組134分　●¥4,380（税別）●1987年プネーでの講話

■二つの夢の間に—チベット死者の書・バルドを語る—

バルドと死者の書を、覚醒への大いなる手がかりとして取り上げる。死と生の間、二つの夢の間で起こる覚醒の隙間——「死を前にすると、人生を一つの夢として見るのはごく容易になる」　●本編83分　●¥3,800（税別）●1986年ウルグアイでの講話

■からだの神秘—ヨガ、タントラの科学を語る—

五千年前より、自己実現のために開発されたヨガの肉体からのアプローチを題材に展開されるOSHOの身体論。身体、マインド、ハート、気づきの有機的なつながりと、その変容のための技法を明かす。　●本編95分　●¥3,800（税別）●1986年ウルグアイでの講話

＜OSHO 既刊書籍＞ ■価格は全て税別です。

秘教

神秘家の道—覚者が明かす秘教的真理

少人数の探求者のもとで、親密に語られた、珠玉の質疑応答録。次々に明かされる秘教的真理、光明と、その前後の自らの具体的な体験、催眠の意義と過去生についての洞察、また、常に真実を追求していた子供時代のエピソードなども合わせ、広大で多岐に渡る内容を、縦横無尽に語り尽くす。

＜内容＞●ハートから旅を始めなさい ●妥協した瞬間、真理は死ぬ
●私はあなたのハートを変容するために話している 他

■四六判並製 896頁 ¥3,580（税別） 送料¥380

探求

探求の詩（うた）—インドの四大マスターの一人、ゴラクの瞑想の礎

神秘家詩人ゴラクの探求の道。忘れられたダイヤの原石が、OSHOによって蘇り、ゆっくりと、途方もない美と多彩な輝きを放ち始める——。小さく窮屈な生が壊れ、あなたは初めて大海と出会う。ゴラクの語ったすべてが、ゆっくりゆっくりと、途方もない美と多彩な輝きを帯びていく。

＜内容＞●自然に生きなさい ●欲望を理解しなさい ●愛—炎の試練
●内なる革命 ●孤独の放浪者 他

■四六判並製 608頁 ¥2,500（税別） 送料¥380

インナージャーニー—内なる旅・自己探求のガイド

マインド（思考）、ハート、そして生エネルギーの中枢である臍という身体の三つのセンターへの働きかけを、心理・肉体の両面から説き明かしていく自己探求のガイド。頭だけで生きて根なし草になってしまった現代人に誘う、根源への気づきと愛の開花への旅。

＜内容＞● 身体——最初のステップ ●臍——意志の在り処 ●マインドを知る
●信も不信もなく ●ハートを調える ●真の知識 他

■四六判並製 304頁 ¥2,200（税別） 送料¥380

究極の錬金術 Ⅰ，Ⅱ—自己礼拝 ウパニシャッドを語る

苦悩し続ける人間存在の核に迫り、意識の覚醒を常に促し導く炎のような若きOSHO。探求者との質疑応答の中でも、単なる解説ではない時を超えた真実の深みと秘儀が、まさに現前に立ち顕われる壮大な講話録。「自分というものを知らないかぎり、あなたは何のために存在し生きているのかを知ることはできないし、自分の天命が何かを感じることはできない。——OSHO」

第Ⅰ巻■四六判並製 592頁 ¥2,880（税別） 送料¥380

第Ⅱ巻■四六判並製 544頁 ¥2,800（税別） 送料¥380

永久の哲学 Ⅰ，Ⅱ—ピュタゴラスの黄金詩

偉大なる数学者ピュタゴラスは真理の探求にすべてを賭け全世界を旅した。彼が見出した永久哲学について、現代の神秘家OSHOが究極の法を説き明かす。奇跡や物質化現象、菜食と輪廻転生の関係、過去生、進化論、そして癒しの力など、さまざまな精神霊性の領域を渉猟しながら、ピュタゴラス哲学の精髄である「中庸の錬金術」に迫る。

第Ⅰ巻■四六判並製 408頁 ¥2,400（税別） 送料¥380

第Ⅱ巻■四六判並製 456頁 ¥2,460（税別） 送料¥380

＜OSHO 既刊書籍＞ ■価格は全て税別です。

ヨーガ

魂のヨーガ— パタンジャリのヨーガスートラ

「ヨーガとは、内側へ転じることだ。それは百八十度の方向転換だ。未来へも向かわず、過去へも向かわないとき、あなたは自分自身の内側へ向かう。パタンジャリはまるで科学者のように人間の絶対的な心の法則、真実を明らかにする方法論を、段階的に導き出した——OSHO」

＜内容＞● ヨーガの純粋性 ● 苦悩の原因 ● ヨーガの道とは ● 正しい認識
● 内側にいしずえを定める ● 実践と離欲 他

■四六判並製 408 頁 ¥2,300（税別） 送料 ¥380

神秘家

アティーシャの知恵の書 (上) (下)
— あふれる愛と慈悲・みじめさから至福へ

チベット仏教の中興の祖アティーシャは、受容性と慈悲の錬金術とも言うべき技法を後世にもたらした。「これは慈悲の技法だ。あなたの苦しみを吸収し、あなたの祝福を注ぎなさい。 いったんあなたがそれを知るなら、人生には後悔がない。人生は天の恵み、祝福だ」——（本文より）

上巻 ■ 四六判並製 608 頁 ¥2,480（税別） 送料 ¥380
下巻 ■ 四六判並製 450 頁 ¥2,380（税別） 送料 ¥380

ラスト・モーニング・スター
—女性の覚者ダヤに関する講話

「世界とは、夜明けの最後の星のよう……」（本文より）
過去と未来の幻想を断ち切り、今、この瞬間から生きること——スピリチュアルな旅への愛と勇気、神聖なるものへの気づき、究極なるものとの最終的な融合を語りながら、時を超え、死をも超える「永遠」への扉を開く。

＜内容＞● 全霊を傾けて ● 愛は幾生も待機できる ● あなたの魂を受けとめて 他

■四六判並製 568 頁 ¥2,800（税別） 送料 ¥380

＜「シャワリング・ウィズアウト・クラウズ」姉妹書＞

シャワリング・ウィズアウト・クラウズ
—女性の覚者サハジョに関する講話

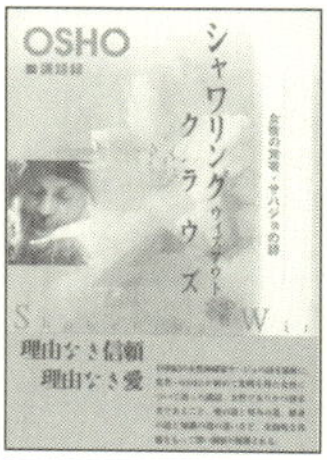

光明を得た女性神秘家サハジョの「愛の詩」に関する講話。女性が光明を得る道、女性と男性のエゴの違いや落とし穴に光を当てる。愛の道と努力の道の違い、献身の道と知識の道の違いなどを深い洞察から語る。

＜内容＞● 愛と瞑想の道 ● 意識のふたつの境地 ● 愛の中を昇る 他

■四六判並製 496 頁 ¥2,600（税別） 送料 ¥380

＜「ラスト・モーニング・スター」姉妹書＞

瞑想

新瞑想法入門 —OSHO の瞑想法集大成

禅、密教、ヨーガ、タントラ、スーフィなどの古来の瞑想法から、現代人のために編み出された OSHO 独自の方法まで、わかりやすく解説。技法の説明の他にも、瞑想の本質や原理が語られ、探求者からの質問にも的確な道を指し示す。真理を求める人々必携の書。（発行／瞑想社、発売／市民出版社）

＜内容＞● 瞑想とは何か ● 初心者への提案 ● 自由へのガイドライン
● 覚醒のための強烈な技法 ● 師への質問 ● 覚醒のための強烈な技法 他

■A 5 判並製 520 頁 ¥3,280（税別） 送料 ¥380

OSHO TIMES 日本語版 バックナンバー

※尚、Osho Times バックナンバーの詳細は、www.shimin.com でご覧になれます。
（バックナンバーは東京神田・書泉グランデに揃っています。） ●1 冊／¥1,280（税別）／送料 ¥250

	内容紹介		
vol.2	独り在ること	vol.3	恐れとは何か
vol.4	幸せでないのは何故？	vol.5	成功の秘訣
vol.6	真の自由	vol.7	エゴを見つめる
vol.8	創造的な生	vol.9	健康と幸福
vol.10	混乱から新たなドアが開く	vol.11	時間から永遠へ
vol.12	日々を禅に暮らす	vol.13	真の豊かさ
vol.14	バランスを取る	vol.15	優雅に生きる
vol.16	ハートを信頼する	vol.17	自分自身を祝う
vol.18	癒しとは何か	vol.19	くつろぎのアート
vol.20	創造性とは何か	vol.21	自由に生きていますか
vol.22	葛藤を超える	vol.23	真のヨーガ
vol.24	誕生、死、再生	vol.25	瞑想—存在への歓喜
vol.26	受容—あるがままの世界	vol.27	覚者のサイコロジー
vol.28	恐れの根源	vol.29	信頼の美
vol.30	変化が訪れる時	vol.31	あなた自身の主人で在りなさい
vol.32	祝祭—エネルギーの変容 ●喜びに生きる ●愛を瞑想にしなさい 他		
vol.33	眠れない夜には ●なぜ眠れないのか？ ●眠っている時の瞑想法 他		
vol.34	感受性を高める ●感覚を通して知る ●再び感覚を目覚めさせる 他		
vol.35	すべては瞑想 ●感情を解き放つ ●瞑想のコツ ●チャクラブリージング瞑想 他		
vol.36	最大の勇気 ●勇気とは何か ●愛する勇気 ●ストップ瞑想 ●夢判断 他		
vol.37	感謝 ●言葉を超えて ●感謝して愛すること ●ストレスをなくす７つの鍵 他		
vol.38	観照こそが瞑想だ ●拒絶と執着 ●誰があなたを見ているのか 他		
vol.39	内なる静けさ ●静けさの時間 ●独り在ること ●カルマの法則 他		
vol.40	自分自身を超える ●自我を超えて ●無であること ●職場での付き合い 他		
vol.41	危機に目覚める ●危機へのガイド ●世界を変えるには ●大崩壊 他		
vol.42	ストップ！気づきを高める技法 ●すべてを危険にさらす ●涙について 他		
vol.43	罪悪感の根を断つ ●自分を変えるには ●菜食主義は瞑想から生まれる 他		
vol.44	自分自身を愛すること ●自分自身を敬う ●あなた自身を愛し他人を愛する 他		
vol.45	愛する生の創造 ●すべてはあなた次第 ●みじめさは選択だ ●美しい地球 他		
vol.46	ボディラブ—からだを愛すること ●あなたの身体はギフトだ ●食べる瞑想 他		

＜ヒーリング，リラクゼーション音楽CD＞

■価格は全て¥2,622（税別）です。

ジプシー・ハート

全9曲
60分06秒

◆アシーク

ロシアのヴァイオリン奏者・アシークの、美しく風に舞うようなリズミカルな世界。ジプシーとは自由の代名詞。かつての名曲の数々が、より熟成した表情をもって、さわやかにハートの中心部へと送り込まれる。

スピリット・オブ・アフリカ

全3曲
47分05秒

◆テリー・オールドフィールド

人類のふるさとアフリカのプリミティブな力の源に向けて始まるフルートの名手テリーの探索。深い森と雄大な大地の地平線を視野に、パーカッション、バグパイプ、シンセサイザーなどが、大いなる歩みをもって描き出される。

レイキ・ヒーリング・サイレンス

全8曲
63分52秒

◆デューター

微細なスペースに分け入る音の微粒子――ピアノ、シンセサイザーに、琴や尺八といった和楽器も取り入れて、デューターの静謐なる癒しの世界は、より深みを加えて登場。透きとおった、えも言われぬ沈黙の世界を築きあげる。

無上の愛

全9曲
69分49秒

◆カビ

深い神秘へのあこがれ、遠い記憶をなぞるように、不思議な旋律が次から次へと紡ぎ出される。語りかけるような官能的なヴォーカル、スピリチュアリティとイリュージョンが混じり合ったアンビエントな洗練された世界。

チベット遥かなり

全6曲
55分51秒

◆ギュートー僧院の詠唱（チャント）

パワフルでスピリチュアルな、チベット僧たちによるチャンティング。真言の持つエネルギーと、僧たちの厳粛で深みのある音声は、音の領域を超えて、魂の奥深くを揺さぶる。チベット密教の迫力と真髄を感じさせる貴重な１枚。

覚醒《めざめ》のひかり

全8曲
55分47秒

◆ランガ

繊細で小気味よいタブラのリズムの上で、ランガが奏でるピアノとヴァイオリンが軽やかに舞う。アジアの味わい豊かに、美しいメロディラインが次々と展開する秀曲ぞろいの逸品。

ケルティックメモリー

全12曲
56分38秒

◆リサ・レイニー&フランクファーター

ケルティックハープとスエーデンの伝統楽器ニッケルハープ、数々のアコースティック楽器が織り成す優美で心温まる名作。2人のハープの融合は、はるか彼方の音楽を求める熱いファンタジーの世界にまで飛翔しています。

オファリング 音楽の捧げもの

全9曲
61分16秒

◆パリジャット

くつろぎのプールに向かってゆっくりと降りてゆく音のら旋階段。ハートフルで豊かな音色は回転木馬のように夢見るように奏でられる。ハートからハートへソフトな日差しのような優しさで贈る究極の癒し。

※ＣＤ等購入ご希望の方は市民出版社 www.shimin.com までお申し込み下さい。
※郵便振替口座：市民出版社 00170-4-763105
※送料／CD1枚¥250・2枚¥300・3枚以上無料（価格は全て税込です）
※音楽ＣＤカタログ（無料）ご希望の方には送付致しますので御連絡下さい。

＜ヒーリング，リラクゼーション音楽CD＞

■価格は全て¥2,622（税別）です。

アトモスフィア

全10曲
64分38秒

◆デューター

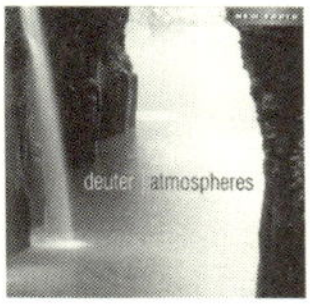

鳥のさえずりや波などのやさしい自然音との対話の中から生まれたメロディを、多彩な楽器で表現した、ささやくようなデューターワールド。オルゴールのようなピアノの調べ、童心にたち返るような懐かしい響き――。

曼荼羅

全8曲
55分55秒

◆テリー・オールドフィールド&ソラヤ

チャント（詠唱）という、陶酔的な表現で、声による美しいマンダラの世界を構築したスピリチュアル・マントラソング。テリーのフルートが陰に陽に寄り添いながら、ら旋状の恍惚とした詠唱の円の中で、内なる平和がハートへと届けられる。

ケルトの薔薇

全12曲
69分17秒

◆リサ・レイニー ＆ タルトレッリ

ケルトハープの名手・リサ・レイニーが、竹笛のタルトレッリを迎えて描き出す癒しのフレグランス。すべてがまだ初々しい光に包まれた朝や夜の静寂のひとときにふさわしい調べ。おだやかさが手にとるように感じられる音楽。

ホエール・メディテーション

全7曲
58分07秒

◆カマール他

ホエールソング3部作の最終章。大海原を漂うような境界のないシーサウンドワールド。波間にきらめく光の粒子のように、クジラの声、シタール、ヴァイオリン、バンスリーなどが現れては消えていき、ただ海の静けさへ。

マントラ

全7曲
61分02秒

◆ナマステ

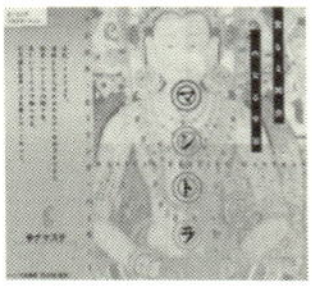

その音で不思議な力を発揮する古代インドよりの聖音マントラの数々を、美しいコーラスで蘇らせる癒しのハーモニー。何千年もの間、自然現象を変容させると伝わるマントラを、聴く音楽として再生したミスティックなアルバム。

ブッダ・ムーン

全4曲
58分50秒

◆チンマヤ

東西の音楽を、瞑想的な高みで融合する音楽家チンマヤが、古典的色彩で描く、ラーガの酔宴。人の世の、はかなき生の有り様を、ただ静けさの内に見守るブッダの視座と同じく、ただ淡々と、エキゾチズムたっぷりに奏でます。

神秘の光

全12曲
62分21秒

◆デューター

ルネッサンス時代のクラシック音楽の香り漂う霊妙な美の世界。リコーダー、チェロ、琴、尺八、シタール、サントゥールなどの東西の楽器を鮮やかに駆使した多次元的な静寂のタペストリー。細やかで変化に富み、豊かで深い味わいの心象風景を表現。

チベットの華

全7曲
78分35秒

◆デューター

水や虫の声などの自然音とシンギングボウルやベルが織り成す調和と平和の倍音ヴァイブレーション。チベッタン・ヒーリング・サウンドの決定盤。メロディーやストーリーのない音は、時間の感覚を失うスペースを作り出す。

※送料／ CD1枚¥250・2枚¥300・3枚以上無料

発売／㈱市民出版社　www.shimin.com
TEL. 03-3333-9384　FAX. 03-3334-7289

＜OSHO 瞑想 CD＞

ダイナミック瞑想
全５ステージ
60分

◆デューター

¥2,913（税別）

生命エネルギーの浄化をもたらすOSHOの瞑想法の中で最も代表的な技法。混沌とした呼吸とカタルシス、フゥッ！というスーフィーの真言《マントラ》を、自分の中にとどこおっているエネルギーが全く残ることのないところまで、行なう。

クンダリーニ瞑想
全４ステージ
60分

◆デューター

¥2,913（税別）

未知なるエネルギーの上昇と内なる静寂、目醒めのメソッド。OSHOによって考案された瞑想の中でも、ダイナミックと並んで多くの人が取り組んでいる活動的瞑想法。通常は夕方、日没時に行なわれる。

ナタラジ瞑想
全３ステージ
65分

◆デューター

¥2,913（税別）

自我としての「あなた」が踊りのなかに溶け去るトータルなダンスの瞑想。第１ステージは目を閉じ、40分間とりつかれたように踊る。第２ステージは目を閉じたまま横たわり動かずにいる。最後の５分間、踊り楽しむ。

ナーダブラーマ瞑想
全３ステージ
60分

◆デューター

¥2,913（税別）

宇宙と調和して脈打つ、ヒーリング効果の高いハミングメディテーション。脳を活性化し、あらゆる神経繊維をきれいにし、癒しの効果をもたらすチベットの古い瞑想法の一つ。

チャクラ サウンド瞑想
全２ステージ
60分

◆カルネッシュ

¥2,913（税別）

７つのチャクラに目覚め、内なる静寂をもたらすサウンドのメソッド。各々のチャクラで音を感じ、チャクラのまさに中心でその音が振動するように声を出すことにより、チャクラにより敏感になっていく。

チャクラ ブリージング瞑想
全２ステージ
60分

◆カマール

¥2,913（税別）

７つのチャクラを活性化させる強力なブリージングメソッド。７つのチャクラに意識的になるためのテクニック。身体全体を使い、１つ１つのチャクラに深く速い呼吸をしていく。

ノーディメンション瞑想
全３ステージ
60分

◆シルス&シャストロ

¥2,913（税別）

グルジェフとスーフィのムーヴメントを発展させたセンタリングのメソッド。この瞑想は旋回《ワーリング》瞑想の準備となるだけでなく、センタリング《中心を定める》のための踊りでもある。３つのステージからなり、一連の動作と旋回、沈黙へと続く。

グリシャンカール瞑想
全４ステージ
60分

◆デューター

¥2,913（税別）

呼吸を使って第三の目に働きかける、各15分４ステージの瞑想法。第一ステージで正しい呼吸が行われることで、血液の中に増加形成される二酸化炭素がまるでエベレスト山の山頂にいるかのごとく感じられる。

ワーリング瞑想
全２ステージ
60分

◆デューター

¥2,913（税別）

内なる存在が中心で全身が動く車輪になったかのように旋回し、徐々に速度を上げていく。体が自ずと倒れたらうつ伏せになり、大地に溶け込むのを感じる。旋回を通して内なる中心を見出し変容をもたらす瞑想法。

ナーダ　ヒマラヤ
全３曲
50分28秒

◆デューター

¥2,622（税別）

ヒマラヤに流れる白い雲のように優しく深い響きが聴く人を内側からヒーリングする。チベッタンベル、ボウル、チャイム、山の小川の自然音。音が自分の中に響くのを感じながら、音と一緒にソフトにハミングする瞑想。